在编程中学会
创造 第1册

主　编　高小红　乜　勇

副主编　武　妍

编　者　（按姓氏笔画排序）

王　琦　王建晔　朱　磊　闫雪蕊

孙　波　李一平　李楠颖　吴　晶

周大鹏　颜宏艳

陕西师范大学出版总社

图书代号　JC18N1747

图书在版编目（CIP）数据

在编程中学会创造．第 1 册／高小红，乜勇主编．—西安：陕西师范大学出版总社有限公司，2019.1

ISBN 978-7-5695-0427-9

Ⅰ．①在…　Ⅱ．①高…②乜…　Ⅲ．①程序设计—小学—教材　Ⅳ．① G624.581

中国版本图书馆 CIP 数据核字 (2018) 第 283094 号

在编程中学会创造　第 1 册

ZAI BIANCHENG ZHONG XUEHUI CHUANGZAO DI 1 CE

高小红　乜　勇　主编

责任编辑	杨雪玲　周大鹏
责任校对	杨雪玲
封面设计	悉呈创意　施　欢
出版发行	陕西师范大学出版总社 （西安市长安南路 199 号　邮编 710062）
网　　址	http://www.snupg.com
经　　销	新华书店
印　　刷	陕西金和印务有限公司
开　　本	787mm×1092mm　1/16
印　　张	7.5
字　　数	173 千
版　　次	2019 年 1 月第 1 版
印　　次	2019 年 1 月第 1 次印刷
书　　号	ISBN 978-7-5695-0427-9
定　　价	45.00 元

读者购书、书店添货或发现印装质量问题，请与本社高等教育出版中心联系。

电话：（029）85303622（传真）　85307864

目录 CONTENTS

第一课　我是编程猫

　　我们是源码世界的训练师，将要通过编程操控生活在这里的源码精灵们。源码世界奇妙无穷，让我们一起来进入源码世界、认识编程猫吧。

任务发布

1. 初识编程猫，了解界面组成以及它的作用。
2. 了解什么是角色，掌握编辑角色的方法。
3. 利用模块中的积木让编程猫动起来。
4. 保存并发布自己的作品。

任务准备

1. 打开编程猫源码编辑器界面。
2. 添加编程猫角色和背景素材。

一、源码编辑器

　　使用谷歌浏览器访问网址 https://www.codemao.cn/，点击创作按钮打开源码编辑器。

　　源码编辑器界面可以分成六大区域：菜单栏、积木库、舞台区、编程区、角色区、属性栏（图1-1）。

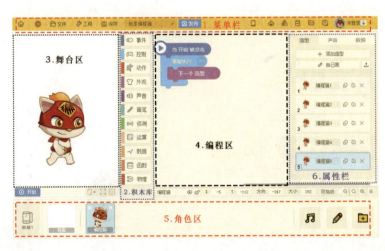

图 1-1

二、角色

角色是训练师操作的对象，它通常在舞台区执行积木的指令，舞台的默认角色是编程猫（图 1-2）。

图 1-2

三、积木脚本

积木脚本是源码世界一切事物的力量之源，只需要将代表程序逻辑的积木拼接在一起，就可以创造出动画故事、游戏、科学模拟实验等，实现各种有趣的想法和创意（图 1-3）。

图 1-3

任务实践 ✂

1. 使用积木块，下一个造型 切换编程猫造型，让编程猫动起来（图 1-4）。

图 1-4

2. 保存发布作品（图 1-5）。

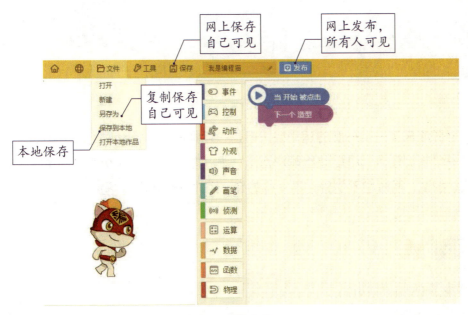

图 1-5

拓展任务

完成的作品中编程猫只能动一次，请你再拼接一些积木块，让编程猫跑动起来。

交流评价

1. 还有哪些积木块可以让编程猫动起来？

2. 为什么在任务实践环节，编程猫动一下就不再动了，而拓展任务中编程猫可以连续走动？积木块有什么作用？

源码世界迎来了一年一度的运动会，但是今年负责发令倒计时的人手不够，夏博士发布了一个悬赏任务，谁能想出解决方法，谁就能得到一年免费的源码早报。训练师们都跃跃欲试，阿短也不例外。不一样的是，阿短已经想出了解决方法。

任务发布

1. 初步了解画板的功能。
2. 了解什么是造型。
3. 利用画板制作倒计时造型。
4. 通过拼接 `等待 1 秒` 和 `下一个造型` 实现倒计时功能。

任务准备

倒计时器分成三部分制作：在画板中绘制倒计时按钮角色、绘制倒计时数字造型、编程设置倒计时（图 2-1）。

图 2-1

一、画板

点击源码编辑器右下角的铅笔按钮可以召唤出画板，利用画板可以创作自己想要的新角色（图2-2、图2-3）。

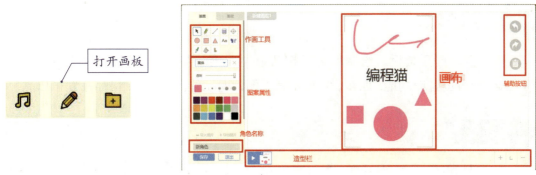

图2-2   图2-3

二、造型

在画板中可以绘制角色，并为该角色绘制不同的造型，通过积木块控制切换造型实现角色动画效果。

1. 绘制倒计时按钮。

用作画工具中的圆形、三角形绘制倒计时按钮，选择自己喜欢的颜色填充图形（图2-4）。

2. 绘制倒计时数字。

用作画工具中的文字制作倒计时数字，选择自己喜欢的字体和颜色，合适的字号（图2-5）。（先制作一个数字，再通过复制、粘贴制作另外的数字）

图2-4   图2-5

3.编程设置倒计时功能。

点击倒计时按钮开始倒计时，使用  和 实现倒计时功能。

任务实践 ✂

第一步，打开画板，绘制倒计时按钮造型；第二步，制作倒计时数字造型；第三步，设置倒计时功能；四步，完成并测试倒计时功能；第五步，保存并发布作品。

拓展任务 📍

倒计时结束后，"开始比赛！"（图2-6）。

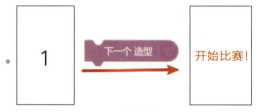

图2-6

💎 交流评价

1.本节课所学画板不能画出什么？（　　）

A.可以动的GIF图　　B.文字　　C.现在流行的歌曲　　D.源码世界的河流

2.怎样用画板创造出拥有多个造型的角色？（　　）

A.在角色栏中右键复制这个角色　　　　　　B.在画布四个角画出多个造型

C.在造型栏点击加号按钮　　　　　　D.点击"添加造型"按钮

链接素材

第三课　神奇传送门

源码森林里住着一只火球球，他最近心情很不好，因为他的传送门坏了。训练师们，快帮助火球球修复传送门吧。

任务发布

1. 点击开始触发程序，再点击火球球，火球球移动到另一个位置，然后返回原来的位置。

2. 了解坐标的作用，会正确使用坐标。

任务准备

完成任务需要一个角色：具有多个造型的火球球，一张背景图：源码森林的青草地。

一、火球球"动起来"

通过切换造型让火球球"动"起来（图3-1）。

角色素材

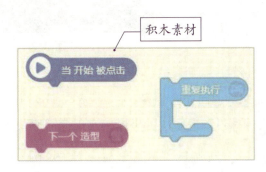
积木素材

图 3-1

二、传送火球球

点击火球球发出传送指令，把火球球从上方传送到下方，然后返回到初始位置。

1. 火球球从上方传送到下方。

使用坐标表示火球球初始位置和传送位置，为火球球设置传送位置坐标，实现传送效果（图 3-2、图 3-3）。

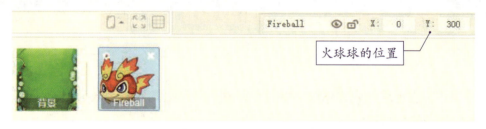

图 3-2

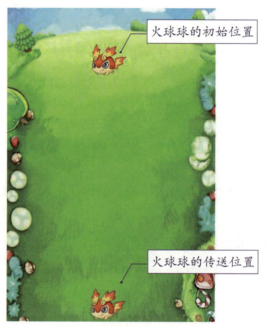

图 3-3

2. 火球球返回初始位置。

为火球球设置返回位置坐标，实现返回原位置的效果。

坐标：在源码世界中，坐标用一组数对（X,Y）表示，代表了一个位置点。角色向右移动时，角色的 X 坐标增加；角色向左移动时，X 坐标减少。角色向上移动时，角色的 Y 坐标增大；角色向下移动时，角色的 Y 坐标减少。传送门就是利用坐标设置来传送火球球（图 3-4）。

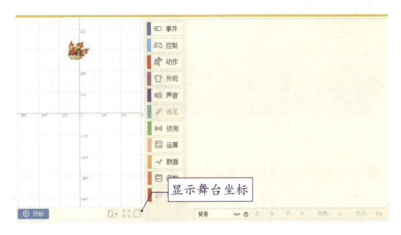

图 3-4

任务实践 ✂

第一步，拼接积木，火球球"动"起来。

第二步，设置目的位置，传送火球球。

第三步，设置原始位置，火球球返回原地。

第四步，保存并发布作品。

挑战自我 🌐

聪明的训练师，你已经帮助火球球修复了传送门，现在迎接新的挑战吧。

尝试利用 [在 1 秒内, 移到 x 300 y 200] 让火球球从草地飞到天空中。

💎 交流评价

1．积木块 [移到 x 300 y 200] 和积木块

[在 1 秒内, 移到 x 300 y 200] 在使用时有什么不同？

2．在传送火球球的过程中，坐标起到什么作用？

3．使用积木块 [在 1 秒内, 将 x 坐标 增加 200] 能够实现火球球飞翔的

效果吗？为什么？

链接素材

精灵的歌声

源码森林里，雷电猴、编程猫、大黄鸡围在猫老祖的身边，他们在干什么呢？原来是猫老祖在教他们唱歌，可是无论猫老祖怎么教，他们都唱不出来，聪明的训练师们，快去帮帮他们吧。

任务发布

1. 利用积木 `当角色被 点击` 设置精灵唱歌的条件，执行程序任务。

2. 利用声音模块 `播放 音符 A4 1 拍` 让角色出声。

任务准备

如图 4-1 所示的背景角色和 4 个精灵角色素材。

图 4-1

一、为角色添加控制积木

选中一个角色，为角色添加控制积木 `当角色被 点击`，设置精灵唱歌程序开始执行的条件。

二、为角色添加声音

选中一个角色，添加声音积木 `播放 音符 A4 1 拍`，该积木块可以设置精灵发出的声音。

点击 A4 ▾ ，如图 4-2 所示，选择音符。

图 4-2

三、自定义一段声音

为角色设置一段声音时，使用

播放声音 新音乐 ▾ 直到结束 ，可以通过属性栏设置声音菜单添加或者录制声音（图 4-3、图 4-4）。

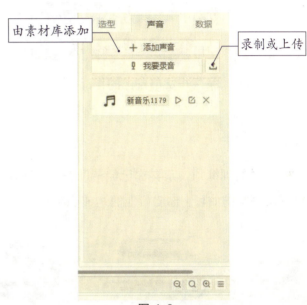

图 4-3

图 4-4

任务实践 ✂

第一步，打开源码编辑器，导入需要用到的背景和角色素材。

第二步，为其中一个角色添加控制和声音积木。

第三步，复制拼接好的积木，为另外三个角色添加控制和声音积木。

第四步，为角色设置不同的声音。

第五步，分别用 [当角色被 点击] 和 [当角色被 按下] 控制角色发出声音。

第六步，使用 [播放声音 新音乐 直到结束] 为猫老祖设置一段声音。

第七步，保存并发布自己的作品。

挑战自我 🌐

亲爱的训练师，恭喜你已经帮助精灵们唱出了音符，但是精灵们想要像猫老祖一样唱出完整的曲目，你能帮他们达成心愿吗？（从图4-5中选择合适的积木完成挑战）

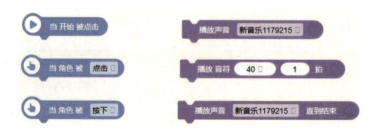

图 4-5

💎 **交流评价**

1. 使用 [当角色被 点击] 控制角色发出声音和使用 [当角色被 按下] 控制效果有什么不同？

2. 在本课任务中使用 [播放声音 新音乐 直到结束] 为猫老祖设置了声音，用 [播放声音 新音乐] 行不行？为什么？

链接素材

第五课　飞翔吧，蓝雀

在源码森林中，一只蓝雀在寻找食物时弄伤了翅膀，不能飞翔了。训练师们，请编写积木命令，帮助蓝雀重新在蓝天飞翔吧。

任务发布

训练师们，请使用  帮助蓝雀重新飞翔吧。

任务准备

帮助蓝雀重新飞翔的过程可以分解成两个部分：蓝雀扇动翅膀和蓝雀向前飞翔的动画效果（图5-1、图5-2）。

图5-1　　　　　　　　　　　　　图5-2

一、蓝雀拍打翅膀动画

在源码编辑器中，角色蓝雀扇动翅膀的动作被分解成了几个不同的造型（图5-3），要实现蓝雀拍打翅膀的动画效果，需要使用 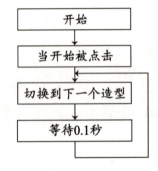 积木命令（图5-4）。

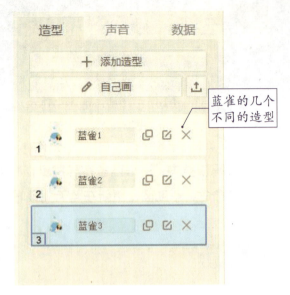

图 5-3

图 5-4

二、制作蓝雀向前飞翔效果

蓝雀向前飞翔，可以通过设置屏幕背景向左移动，呈现出蓝雀向前飞的效果（图5-5）。

图 5-5

小提示

 的作用：使角色在 x 坐标原来数值的基础上，增加指定的数值。若增加的数值为正数，角色向右移动；若增加的数值为负数，则角色向左移动。

任务实践 ✂

1. 打开源码编辑器，添加需要的角色和背景素材。
2. 在积木库找到对应的积木，拼接设置蓝雀拍打翅膀的动画效果。
3. 实现屏幕背景向左移动的动画效果。

🔍 源码大百科

什么是相对运动？

相对运动是一个物体相对于另一个物体的运动，需要建立一个参考系。比如你站在马路边，汽车行驶而过。此刻，将参考系设定为：地面，地面是静止的。与地面对比，树是静止的，汽车是运动的。

拓展任务 📍

分别修改等待的秒数为：0.01秒、0.5秒、1秒，蓝雀的运动效果有什么变化呢？你有何感想？

挑战自我 🌐

亲爱的训练师，相信你已经帮助蓝雀重新飞翔起来了，蓝雀想要更加自由地飞翔，你能再帮帮它吗？（尝试用以下的积木命令让蓝雀跟随鼠标在天空中自由地飞翔，如图5-6所示。）

图 5-6

💎 交流评价

本课任务中，通过设置屏幕背景向左移动，实现了蓝雀飞翔的动画效果，如果不对屏幕背景进行设置，而设置蓝雀向右移动，能帮助蓝雀重新飞翔吗？为什么？

链接素材

第六课　我的画册

编程猫想要参加源码学院举办的"大美源码世界"电子画册制作大赛，它虽然有很多源码世界的精美照片，却不知道怎么制作电子画册，训练师们，快和阿短一起来帮帮它吧。

任务发布

1. 利用画板工具制作背景图片切换按键。

2. 利用 [发送广播 "Hi"] 和 [当收到广播 "Hi"] 实现背景造型切换。

3. 利用 [将 X 坐标 增加 100] 积木块实现当前背景移动动画效果。

4. 利用 [播放声音 午后阳光1 直到结束] 积木块为画册添加背景音乐。

任务准备

完成任务需要分四步：绘制切换按键，切换背景造型，实现背景移动效果，添加背景音乐。

一、绘制切换按键

利用画板中的画图工具绘制按键（图6-1）。

利用画图工具绘制按钮

图 6-1

二、切换背景造型

通过点击按键触发广播，当背景接收到广播，就切换下一个造型（图6-2）。

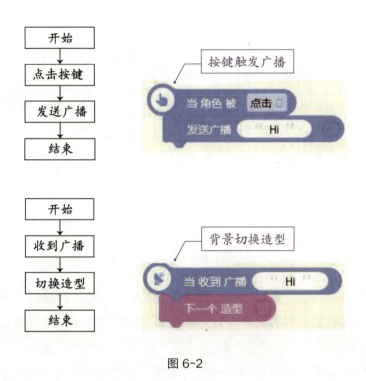

图6-2

三、背景移动效果

通过连续改变背景的 X 坐标值，实现背景移动的动画效果（图6-3）。

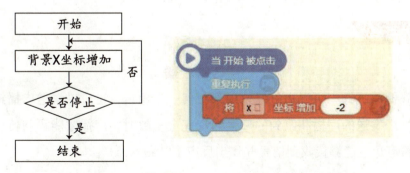

图6-3

四、添加背景音乐

（图 6-4）

图 6-4

任务实践 ✂

1. 使用画图工具中的基础图形圆形和三角形绘制按键，设置自己喜欢的颜色。

2. 为按键添加发送广播积木，为背景添加接收广播积木，设置点击按键触发背景切换下一个造型。

3. 为背景添加将 X 坐标值增加积木，实现背景图片水平方向向左移动。

4. 为背景添加声音积木，设置自己喜欢的音乐作为背景音乐，播放音乐直到结束。

5. 测试已经完成的程序。

6. 保存并发布作品。

🔍 源码大百科

神奇的广播

在源码世界中可以用广播来通知任何一个角色，也可以发送广播给背景角色。当发送的广播和收到的广播内容完全一致时，广播才能顺利传达，否则就没有角色能够接收到信号并作出反应了（图 6-5）。

图 6-5

挑战自我

　　亲爱的训练师，感谢你帮助编程猫完成了任务。但是编程猫想要更加精致的画册，希望在切换到每张图片时都能够播放独一无二的背景音乐，你能帮它做到吗？

交流评价

　　评价自己的学习成效。

源码任务	完成情况
能独自完成绘制切换图片按键	◆
能通过改变 X 坐标实现背景移动的效果	◆
能使用广播积木实现背景图片造型切换	◆
能独立添加背景音乐	◆
能向同学展示自己的作品	◆

链接素材

第七课　收服精灵

阿短在源码学院接到一个试练任务，到源码森林深处，收服居住在那里的精灵——蓝甲虫。训练师们，和阿短一起去完成试炼吧。

任务发布

1．阿短利用 `对话 "Hi" 持续 2 秒` 发出指令"去吧！源码立方"，开始收服行动。

2．利用 `发送广播 Hi` 向源码立方发送"扔出源码立方"的指令，源码立方通过 `当收到广播 Hi` 收到指令后向蓝甲虫移动。

3．源码立方碰到蓝甲虫后，发出"收服"指令，蓝甲虫收到指令后，逐渐变亮变小直到消失，弹出 "收服成功"的图片。

4．为作品添加背景音乐，收服成功后音乐停止播放。

任务准备

完成任务需要以下角色：蓝甲虫、阿短、源码立方、收服精灵按键、收服成功图片、蓝甲虫的家背景图片。并且要分别为每个角色设置对应的操作内容。

一、开始行动

阿短用 `对话 "Hi" 持续 2 秒` 发出"去吧！源码立方"的信号（图 7-1）。

二、设置收服开始指令

点击"收服精灵"按键，发送广播"扔出源码立方"

`当角色被 点击` `发送广播 扔出源码立方`，开始收服蓝甲虫。

去吧！源码立方

图 7-1

三、收服蓝甲虫

1.源码立方收到"扔出源码立方"的广播后，开始攻击蓝甲虫，源码立方击中蓝甲虫后发送"收服"广播。源码立方的操作流程图和积木，如图 7-2。

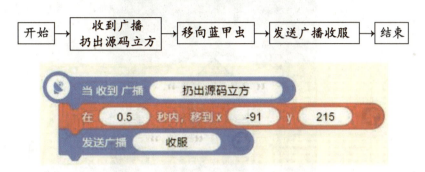

图 7-2

2.当蓝甲虫收到"收服"广播后，外观逐渐变亮，逐渐变透明变小，最终消失，然后发送广播"收服成功"（图 7-3）。

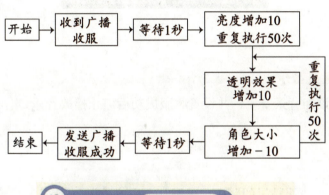

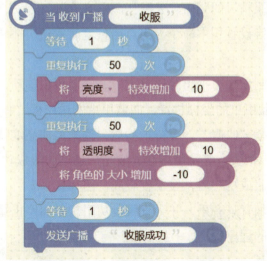

图 7-3

3. 收到广播"收服成功"后，显示收服成功图片（图 7-4）。

图 7-4

四、添加背景音乐

为背景图片添加背景音乐，并设置收服成功后停止播放音乐。

任务实践 ✂

1. 让阿短说出收服精灵的咒语"去吧！源码立方"。

2. 为收服精灵按键设置积木命令，当点击按键时发送广播"扔出源码立方"给源码立方。

3. 当源码立方收到广播"扔出源码立方"，向蓝甲虫移动，设置源码立方在一定时间内移到能够碰到蓝甲虫的坐标位置，向蓝甲虫发送广播"收服"。

4. 蓝甲虫收到广播"收服"，等待 1 秒后，逐渐增加亮度特效，然后增加透明特效和大小，直到蓝甲虫消失，等待 1 秒后，发送广播"收服成功"。

5. 收到广播"收服成功"后，显示收服成功图片。

6. 在背景图片添加背景音乐，并为收服成功图片添加停止播放背景音乐积木。

7. 调试运行编好的程序。

8. 保存并发布作品。

挑战自我

阿短收服的蓝甲虫逃跑了，蓝甲虫在逃跑的过程中发生了变异，具有随机闪现的技能。训练师们，尝试帮阿短实现收服变异的蓝甲虫吧。

交流评价

观察下图的积木脚本，当源码立方击中蓝甲虫后会发生什么？

源码立方：

蓝甲虫：

如果由你来编写程序，你会怎么写？

链接素材

第八课　　摘星星

失踪已久的星能猫突然在源码森林的幽暗处出现了，但是它的星星能量即将耗尽，危在旦夕。森林鹿王请求编程猫去往下一场流星雨坠落的地方收集星星带回源码森林，让星能猫恢复能量。训练师们，我们一起帮助编程猫收集星星吧。

任务发布

1. 利用【事件】中的 ⬤ 当 按下 □ a 让星能猫执行左右移动的动作。

2. 利用【事件】中的 ⬤ 当 ，【侦测】中的 自己 □ 碰到 星星 □ 和 离开 边缘 □ 的逻辑运算关系让星星执行落下后的效果。

3. 实现编程猫移动接星星的效果。

任务准备

程序中需要两个角色：编程猫和星星。背景是一个太空图（图8-1）。

图 8-1

```
开始          开始
 ↓            ↓
当按下 ←      当按下 →
 ↓            ↓
移动−5步      移动5步
 ↓            ↓
结束          结束
```

图 8-2

一、编程猫动起来

编程猫要想得到星星，就要移动，我们使用键盘来帮助它移动。根据需求我们做出流程图（图8-2）。

二、星星从天而降

1. 星星出现的初始位置在任意X坐标，设置Y坐标值使星星暂时不出现在画面中。

2. 星星落下的过程中Y坐标值变小，可以使用动作中 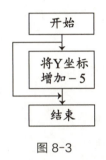 积木改变Y坐标实现星星落下的效果。

星星落下效果程序流程图如图8-3。

```
     开始
      │
┌─────┤
│  将Y坐标
│  增加－5
│     │
└─────┤
     结束
```

图8-3

三、当星星碰到编程猫或者落在下边缘处后，返回上边缘并再次出现

星星碰到编程猫或碰到下边缘，改变X、Y坐标值回到上边缘位置。这里需要运算模块中的逻辑关系运算符来进行分析。

1. 程序在执行中，星星只要符合碰到编程猫或碰到下边缘的其中一个条件就要改变X、Y坐标值。这就需要使用侦测模块（图8-4）。

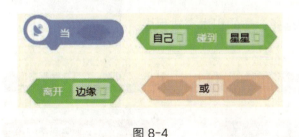

图8-4

2. 两个条件只要符合一个条件，程序就会执行下面语句。

3. 星星落下X坐标值在一定范围内改变。在运算符模块中，使用积木块
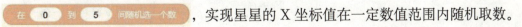，实现星星的X坐标值在一定数值范围内随机取数。

任务实践 ✂

1. 通过键盘"←"和"→"控制编程猫移动。

2. 星星从上边缘落下。

3. 编程猫采集落下的星星，上边缘再次落下一颗星星。

挑战自我 🌐

编程猫在收集星星的过程中样子有一点奇怪，你能不能帮助他在移动的过程中面向移动的方向呢？试一试吧（图 8-5）。

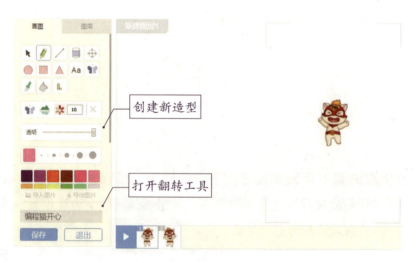

图 8-5

请在图 8-6 中选择合适的积木完成程序。

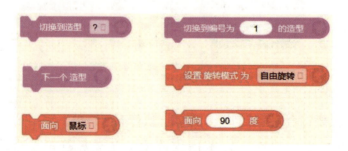

图 8-6

 交流评价

1. 编程猫需要为星能猫收集更多的星星补充能量，你会怎样做让他以最短时间收集到更多的星星能量？

A. 增加星星数量　　　　　　B. 增加编程猫的数量

C. 让星星下降速度加快　　　D. ＿＿＿＿＿＿＿＿＿＿＿

2. 下面哪一段积木能使编程猫得到星星呢？

A. 　　　　　B.

C. 　　　　　D.

链接素材

第九课　进化之玉

为了感谢编程猫在源码森林危机时的帮助，森林鹿王送给了编程猫三枚进化之玉。据说施以源码之力，进化之玉可以赋予源码精灵不同属性的能力，让精灵发生进化。

任务发布

利用 语句判断变换造型，编程猫随鼠标移动，碰到"炎之玉"进化为"火焰编程猫"，碰到"钢之玉"进化为"强袭编程猫"，碰到"幽之玉"进化为"魔灵编程猫"。

任务准备

完成任务需要的角色（图9-1）：

1. 背景——宇宙。

2. 编程猫进化——具有原始造型和三种进化造型。

3. 炎之玉——进化火焰编程猫。

4. 钢之玉——进化强袭编程猫。

5. 幽之玉——进化魔灵编程猫。

图 9-1

一、编程猫随鼠标移动

利用动作模块中的 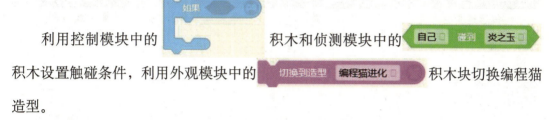 积木实现编程猫跟随鼠标移动的效果。

二、设置编程猫的初始造型

利用外观模块中的 积木设置编程猫的初始造型为"编程猫进化"。

三、设置触碰条件，切换造型

1. 当编程猫碰到"炎之玉"，切换到造型"火焰编程猫"。

利用控制模块中的 积木和侦测模块中的 自己 碰到 炎之玉

积木设置触碰条件，利用外观模块中的 切换到造型 编程猫进化 积木块切换编程猫

造型。

根据任务需求，绘制程序设计流程图（图9-2）。

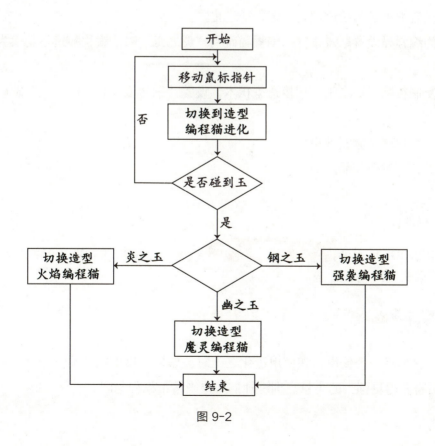

图9-2

2.复制粘贴积木块，设置完成碰到"钢之玉"进化为"强袭编程猫"，碰到"幽之玉"进化为"魔灵编程猫"。

程序运行效果如图9-3。

初始造型　　　　"火焰编程猫"　　　　"强袭编程猫"　　　　魔灵编程猫

图 9-3

任务实践 ✂

1.设置编程猫随鼠标移动。

2.设置编程猫初始造型为"编程猫进化"。

3.为编程猫设置触碰条件，编程猫碰到"炎之玉"时，编程猫造型切换为"火焰编程猫"。

4.复制粘贴"炎之玉"切换造型积木，设置"钢之玉"和"幽之玉"触碰条件和造型切换。

5.运行程序，调试效果。

6.保存并发布作品。

拓展任务 📍

使用动作模块中的 抖动 1 秒 积木，使编程猫在进化时产生抖动的效果。（修改抖动时间，看一下效果。）

挑战自我 🌐

源码森林有一个传说，在使用进化之玉时，如果三枚玉能够围绕一个中心旋转，进化之后将获得更强大的力量。训练师们，快来帮帮编程猫吧。

交流评价

1. _____ 积木块在哪个积木盒子中？

A．"事件"　　　B．"控制"　　　C．"侦测"　　　D．"动作"

2. _____ 可以设置编程猫切换造型的触发条件，积木库中还有

积木块，在本课任务中能使用该积木块吗，为什么？

3. 观察下图编程猫脚本，如果编程猫碰到"炎之玉"会发生什么？

A．进化成火焰编程猫　　　　　B．什么都不会发生

C．角色隐藏　　　　　　　　　D．角色显示

链接素材

第十课　个性画板

阿短很喜欢画画，他制作了一个符合自己使用习惯的电子画板，聪明的训练师们，快来制作属于自己的电子画板吧。

任务发布 📢

1. 利用 　　　　　 和 鼠标 按下 实现激活画笔的功能，画笔随鼠标移动。

2. 利用 　　　　　 实现笔迹颜色、橡皮擦、画笔类型的选择功能。

3. 利用 设置 画笔 粗细 5 和 设置 画笔 颜色 ▦ 设置画笔的粗细和颜色。

4. 设置一键清除功能按键。

任务准备 ⚙

制作电子画板需要准备如图10-1所示的角色。

图 10-1

一、设置激活画笔

鼠标点击角色铅笔后，设置画笔的粗细和默认颜色，铅笔跟随鼠标移动，如果鼠标按下，则落笔，否则抬笔。流程图如图10-2所示。

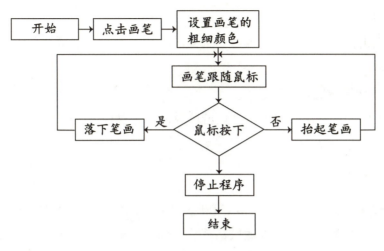

图 10-2

二、画板工具设置

电子画板应该具备颜料选择、画笔类型选择、橡皮擦等基本功能，一幅绘画作品有很多内容，给画板加上一键清除功能会更加便捷。

1. 颜料块设置。

当鼠标点击蓝色颜料块， 告诉 铅笔 执行 设置画笔颜色为蓝色，使用画笔可以在画板上画出蓝色的笔迹。使用同样的方法设置红色和黄色颜料块。

2. 画笔类型切换设置。

当鼠标点击铅笔1，铅笔切换到编号为1的造型，并设置画笔粗细为10；当鼠标点击铅笔3，铅笔切换到编号为3的造型，并设置画笔粗细为2。效果如图10-3所示。

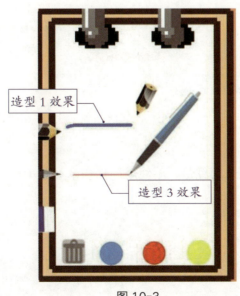

图 10-3

3．橡皮功能设置。

当鼠标点击橡皮擦，铅笔切换编号为 4 的造型，并设置画笔颜色为白色，画笔粗细为 20。

4．垃圾桶功能设置。

设置垃圾桶为一键清除按键，当点击垃圾桶时，执行清除画板上的所有痕迹。

任务实践 ✂

1．设置画笔激活方法。当鼠标点击画板上的角色铅笔后，激活画笔工具，并设置画笔的默认颜色和粗细，画笔跟随鼠标移动。如果侦测到鼠标被按下，则落笔在画板跟随鼠标移动进行绘画，否则抬笔停止绘画。

2．设置电子画板的颜料盒。为电子画板设置蓝红黄三种颜料盒，激活画笔后，点击相应的颜料盒，设置对应的颜色为画笔颜色。

3．设置画笔类型切换功能。当鼠标点击对应的角色，就切换铅笔为对应角色的造型，并设置画笔的粗细。

4．为画板设置橡皮擦，起到擦除修改绘画的作用。当鼠标点击橡皮擦，角色造型切换为橡皮擦，设置画笔颜色为白色和相应的粗细。

5．设置垃圾桶为一键清除按键。一键清除按键可以快速清除画板上的所有内容。

6．完成并测试电子画板的功能。

7．保存并发布作品。

🔍 源码大百科

神奇的积木

使用   可以实现跨角色执行命令，起到优化精简积木的作用。

例如设置画笔颜色为红色，不使用广播积木如图 10-4。使用告诉积木实现，如图 10-5。

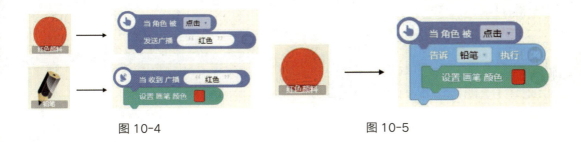

图 10-4   图 10-5

拓展任务

聪明的训练师，你已经完成了本节课的任务，但是画板的颜料盒只有三种颜色，画出来的作品太单调，请给画板设置具有更多颜色的颜料盒。

挑战自我

训练师们，你们的任务完成得非常出色。想一想，现在做出来的电子画板还需要具备哪些功能？请尝试把这些功能加入到电子画板里。

交流评价

阿短用了以下积木块进行编程，请你预测各积木块执行后的效果，并尝试帮助阿短优化积木程序，使程序更简洁。

(1)

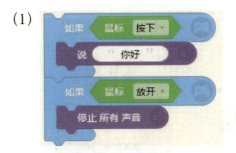

(2)

链接素材

旋转的风车

大家都喜欢绘画，画风景、画人物、画理想……画出我们心中的美好。在编程猫里，也可以画出漂亮的风景、可爱的角色，还能通过设计程序让角色动起来，比纸上的绘画更生动。让我们一起来绘画旋转的风车吧。

任务发布 📢

1. 在画板中利用基本图形画出较复杂的角色。
2. 重复执行旋转积木模块，实现风车旋转的效果。
3. 利用移动 X 坐标积木，实现白云飘动的动画效果。

任务准备 ⚙

制作旋转风车的过程，可分两个部分进行：绘制背景、角色；设置风车、白云的动画效果（图 11-1、图 11-2、图 11-3、图 11-4）。

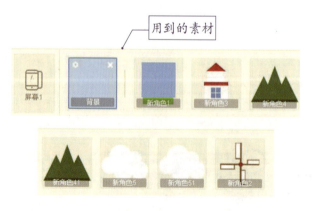

图 11-1

图 11-2

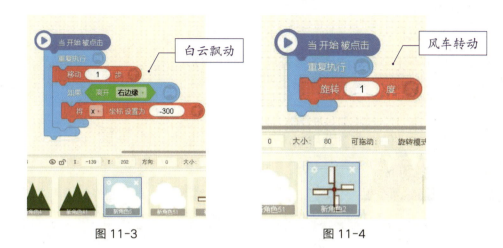

图 11-3　　　　　　　　　　　　图 11-4

一、绘制角色

1．画房子。

用基本图形三角形、长方形搭建风车的房子。选择自己喜欢的颜色填充基本图形（图 11-5、图 11-6）。

图 11-5　　　　　　　　　　图 11-6

2. 画小草和白云。

一簇小草可以用三个绿色的三角形拼成（图11-7）。

白云可以用若干个白色的椭圆形拼成（图11-8）。

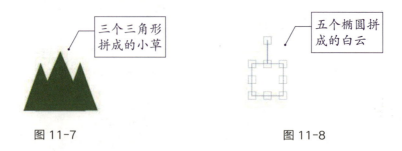

图 11-7　　　　　　　　　　　图 11-8

3. 画风车。

打开画图板，在画布中心画棕色和白色两个圆，形成风车的轴，选择画图板中的"中心点"工具，将中心点定于画好的风车轴中心。

再用长方形工具画出一个风车叶片（图11-9、图11-10、图11-11）。

图 11-9

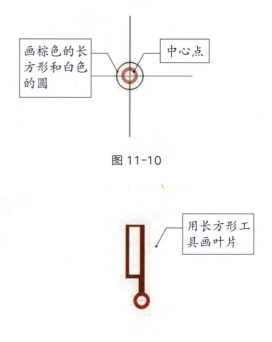

图 11-10

图 11-11

选择画好的轴和叶片，在画图板选择 ，生成一个叶片风车（图11-12、图11-13、图11-14、图11-15）。

图 11-12

图 11-13　　　　　　　　　　图 11-14

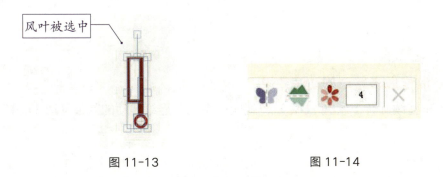

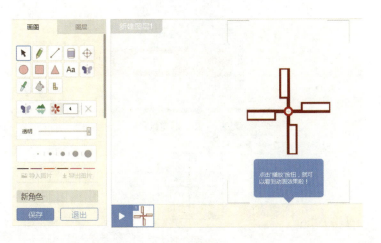

图 11-15

二、制作白云移动的动画效果

白云水平移动，可以产生飘动的效果。连续改变白云的 X 坐标值，就能使白云"飘动"（图 11-16）。

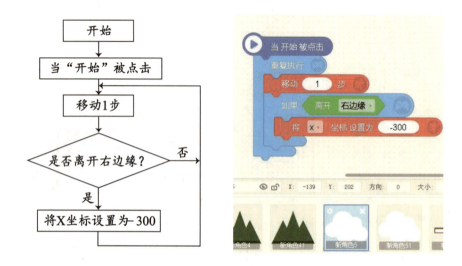

图 11-16

三、制作风车转动的动画效果

让风车连续旋转 1 度（-1 度），就能产生风车连续转动的效果（图 11-17）。

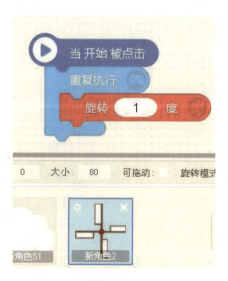

图 11-17

任务实践 ✂

1. 打开画板，绘制要用的背景和角色。
2. 绘画蓝天绿地背景、房子、两朵白云、两簇绿草、一个四叶风车。
3. 在主界面中添加绘制好的背景和角色，并调整各自的位置。
4. 设置白云的动画效果。
5. 设置风车转动的效果。

拓展任务 📍

怎样改变风车旋转的速度呢？想一想要调整程序中的哪个参数，再试一试，验证自己的想法。

💎 交流评价

1. 和组内同学交流作品，看谁画的背景、角色美观、形象。
2. 评价自己的作品。

源码任务	完成情况
绘画背景、绿草、白云、房子等角色	💎
会用复制、旋转的功能，绘画风车风叶	💎
会改变 X 坐标实现白云飘动的效果	💎
会用旋转积木块实现风车转动的效果	💎

链接素材

第十二课　贺卡表心意

最近，因为一点小误会，阿短和编程猫吵架了。阿短知道自己错了，但是不好意思开口和好，就想给编程猫写一张贺卡表示歉意。可是邮局的叔叔却告诉阿短，贺卡不可以寄到"源码世界"去。阿短决定用源码积木制作贺卡，这样，生活在源码世界的编程猫一定可以看到！

任务发布

1. 一份贺卡利用分屏技术 ![屏幕1 屏幕2] 可以让贺卡内容更丰富。

2. 在【事件】模块中积木 ![发送广播 "Hi"] ![当收到广播 "Hi"] 和 ![切换屏幕 屏幕2] 联合使用时，就可以进行屏幕转换啦！

任务准备

我们需要准备几个角色，你有选择角色和背景的权利哟！（图12-1）

图 12-1

一、制作贺卡的思路

阿短神秘地说："嘘！——轻轻点一下我的" ![爱心] "，我有个小秘密要告诉你……"，随后切换到另一个屏幕，出现阿短和编程猫的合照。好温馨呀！

二、分成两个屏幕展示内容

1. 贺卡如画册般神奇地展开，每一个屏幕中有背景和角色。在【屏幕1】放入三个角色。如图12-2所示。

图 12-2

2. 添加【屏幕2】后放入两个角色。如图12-3、图12-4所示。

图 12-3　　　　　　　　　　　　图 12-4

3. 单击【屏幕1】的角色" 💗 " 使其隐藏再利用 发送广播 "逐渐隐藏" 积木让角色" 积木探险家 "和" 文字1 "隐藏并利用积木 切换屏幕 屏幕2 切换至【屏幕2】的内容。

三、贺卡制作表心意

在两个屏幕中设置好角色的位置后，要分析各角色的执行动作，思考如何利用积木程序实现。我们可以利用流程图将制作过程表示出来，再开始用源码积木编程。

1. 角色" 💗 "主要任务是当被点击时，它要隐藏起来并发送广播（逐渐隐藏）。流程图分析及编程模块示范如图12-5、图12-6。

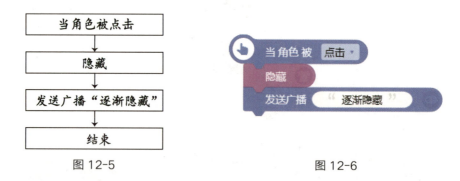

图12-5　　　　　　　　　　　　图12-6

2. 角色" 积木探险家 "的主要任务是"当收到广播（逐渐隐藏）"时，自己就要隐藏。流程图分析及编程模块范例如图12-7、图12-8。

图12-7　　　　　　　　　　　　图12-8

3. 角色" 文字1 "主要任务是"当收到广播（逐渐隐藏）后，自己要消失并切换到下一个屏幕内容。流程图分析及编程模块范例如图12-9、图12-10。

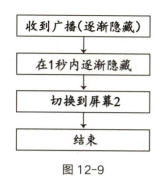

图 12-9

图 12-10

4.【屏幕2】中角色"　　　"在贺卡点击"开始"时是需要隐藏的。当屏幕切换到【屏幕2】时要做出的反应：逐渐显示。流程图分析及编程模块范例如图12-11、图12-12。

图 12-11　　　　　　　　　　　　图 12-12

任务实践 ✂

通过分析，现在就开始制作送给源码世界编程猫的贺卡吧。

1.在"屏幕1"添加三个角色：阿短形象、心形图和告白文字，在舞台区摆放好位置；

2.添加"屏幕2"，并在"屏幕2"中添加两个角色：阿短的签名、阿短和编程猫的合影照；

3.角色"阿短"需要在收到广播（逐渐隐藏）时把自己隐藏；

4.角色"心形"图被点击时，发送广播（逐渐隐藏）并把自己隐藏；

5.角色"告白文字"在收到广播（逐渐隐藏）时发出让自己隐藏并切换到屏幕2的指令。

6.角色"合影照"在开始时需要隐藏，当屏幕切换到屏幕2时逐渐显示出来；

7.如果添加上背景音乐就更完美啦！

拓展任务 📍

　　阿短在制作贺卡时忘添加背景了，阿短应用了分屏的方法制作贺卡，背景也是可以变化的，你能帮帮他吗？图 12-13 为背景图片。

图 12-13

💎 **交流评价**

　　贺卡的作用不仅仅是友谊和爱的交流载体，也是美和艺术的展现，我们以真心用技术制作出来的贺卡会让朋友和亲人更加喜欢和珍惜……

　　相信你已经做出一个漂亮的贺卡了，那么你应用了哪些方法呢，在括号中打"√"。

A. 我利用分屏方式可以转换背景　　（　　　）

B. 我设置了多个角色　　　　　　　（　　　）

C. 我利用"发送广播"和"收到广播"进行屏幕转换指令　　（　　　）

D. 在【外观】积木库中可以利用积木将角色进行显示或隐藏（　　　）

链接素材

第十三课　雨中的快乐

源码世界真奇妙！源码精灵们都有神奇的能力，晴天娃娃没有见过源码世界下雨是什么样子的，她在生日的那天许下愿望：希望可以在雨中玩耍，于是精灵们利用源码程序实现了让源码世界下雨，晴天娃娃在雨中玩得真开心！

任务发布

1. 利用【外观】积木库中的 `将 亮度 特效设置为 70` 积木使背景的光线暗下来，因为要下雨啦！

2. 利用【动作】积木库中的 `将 x 坐标增加 5` 积木，让晴天娃娃、雨滴和云朵移动起来。

3. 利用【事件】积木库中的 `当` 积木和【动作】积木库中的 `移到 随机` 积木让雨滴随机位置落下。

任务准备

这里需要一个美丽的背景，当然少不了主人公晴天娃娃，还有雨滴和云朵（图13-1）。

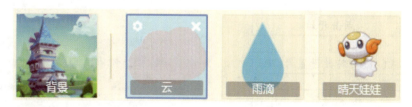

图 13-1

一、背景由亮到暗的效果

乌云遮住了太阳，天空瞬间变暗啦，这个效果就是对背景的外观进行了设置（图13-2）。

图 13-2

在【外观】积木库中有一个积木可以改变对象的一些外观特性（图 13-3）。

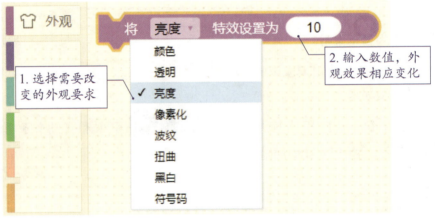

图 13-3

在编程中背景的这种变化用流程图分析及编程模块范例如图 13-4、图 13-5。

图 13-4   图 13-5

二、移动的方向很重要

晴天娃娃要左右移动；雨滴是往下落；云朵是从右边缘向左边缘飘过。在编程中，我们要考虑这些角色在移动时，它们在坐标系中的 X、Y 值分别是怎样变化的。

晴天娃娃是在屏幕上左右移动，也就是 X 坐标轴水平方向移动，当按下"←"和"→"，她就要在 X 坐标向左或向右移动，其实就是将 X 坐标值改变，增加"5"是向 X 坐标的右侧方向移动（5）步；增加"−5"是向 X 坐标的左侧方向移动（−5）步。利用【动作】积木库中的积木就可以实现相应的功能，如图 13−6 所示。

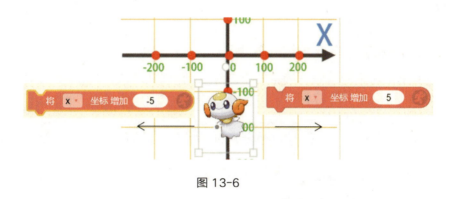

图 13−6

晴天娃娃左右移动的编程模块范例如图 13−7。

图 13−7

2. 雨滴是往下落，如同分析晴天娃娃一样，是从 XY 坐标轴的 Y 方向下落，其实就是将 Y 坐标的值增加，增加"−10"是向 Y 坐标的下方移动（10）步，如图 13−8。

雨滴落下的编程模块范例如图 13−9。

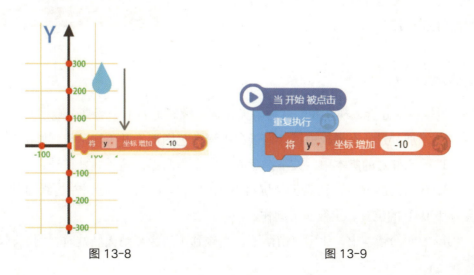

图 13−8   图 13−9

3.云朵从右边向左边移动，是向 XY 坐标轴的 X 坐标的（　　）方向移动，增加"（　　）"是向 X 坐标的左侧方向移动（　　）步。通过分析，你可以填出这些空吗？乌云移动的编程模块范例如图 13-10。

图 13-10

三、细雨蒙蒙，乌云绵绵的效果

雨滴向下落时，如果碰到屏幕的下边缘或晴天娃娃，它就从屏幕的随机位置出现再落下。

利用【事件】模块中  可以进行判断后执行相应任务。这里就需要在【侦测】模块中用 [自己 碰到 晴天娃娃] 进行判断。

两个积木 [当 自己 碰到 下边缘] 组合后，可以执行下面的任务。当雨滴碰到下边缘后又移动到屏幕中的任意位置 [移到 随机] 出现，再执行落下的任务。

雨滴落下效果的编程模块范例如图 13-11。

图 13-11

而云朵移到左侧后，还要再回到右侧初始出现的 X 坐标处。乌云移动的编程模块范例如图 13-12。

图 13-12

任务实践 ✂

根据以上分析，现在我们就为晴天娃娃在源码世界下一场喜雨吧！

1.添加背景，在画板中设计乌云和雨滴角色图形，并添加晴天娃娃的角色；

2.晴天娃娃的脚本中，按下键盘的左、右方向键让晴天娃娃移动；

3.乌云的脚本中，让乌云从屏幕右侧向左侧移动，当碰到左边缘时移到 X 坐标值为（300）的位置，重复执行动作；

4.雨滴的脚本中，让雨自由落下，当碰到下边缘或晴天娃娃时，雨滴移动到任意位置。

5．保存并发布作品。

拓展任务

雨越下越大，但晴天娃娃仍然在雨中玩得很开心！训练师们，我们就把雨下大些，乌云来的多些吧！

怎么做呢？告诉你们一个秘密就是复制已有程序的雨滴和乌云。

小提示：每朵乌云在右侧出现时的 X 坐标值都不一样，这样就可以依次出现，做出乌云密布的效果啦！

交流评价

一场带着愿望的雨让源码世界的晴天娃娃开心至极！在编程中，我们发现移动的方向是非常重要的。

晴天娃娃在坐标（0，0）处，如果让它分别以 10 步的速度移到 4 个点处，在图 13-13 中填入相应标号（X 或 Y）坐标增加的值。

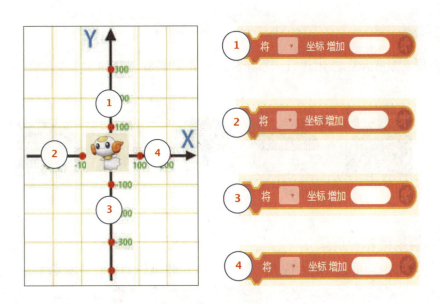

图 13-13

链接素材

采摘苹果——跳起来

源码世界的能量苹果丰收啦！精灵们迫不及待地要去采摘，因为这些苹果可以使精灵们增长智慧。呆萌的大黄鸡特别想得到苹果，我们帮帮它吧！

任务发布

1. 利用【侦测】积木库中的 `鼠标的 x 坐标` 积木，让弹板随着鼠标水平移动，帮助大黄鸡摘苹果。

2. 利用【动作】积木库中的 `面向 45 度` 积木，可以使大黄鸡自由弹跳起来。

任务准备

准备好背景和角色，让我们一起在源码世界摘苹果（图14-1）！

图14-1

一、弹板随鼠标移动

角色弹板的作用是接住大黄鸡，帮助大黄鸡弹跳得高些。弹板随着鼠标的X坐标值移动，而Y坐标值不变。利用 `移到 x 0 y -350` 将Y值输入后，X值是需要侦测到鼠标的X值，所以需要【侦测】积木库中的 `鼠标的 x 坐标` 积木，重复执行后，弹板就可以与鼠标一起水平移动啦！

弹板的程序流程图和编程模块范例如图14-2、图14-3。

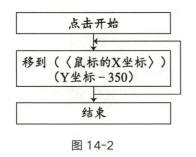

图 14-2

图 14-3

二、大黄鸡如何弹跳起来

大黄鸡在屏幕中是可以弹跳起来的，而且每次方向也不同。在编程中要注意角色的方向是否能达到效果。

大黄鸡在不同方向下，如果执行 ![当 开始 被点击 重复执行 移动 10 步] 程序，会怎样移动？

1. 如果大黄鸡的方向现在为（0）时，大黄鸡执行程序，它会向右移动（图14-4）。

2. 如果大黄鸡的方向现在为（90）时，大黄鸡执行程序，它会向上移动（图14-5）。

3. 大黄鸡的方向是（45）、（180）或其他值，它会向哪个方向移动呢？尝试一下。

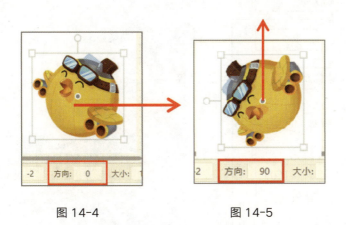

图 14-4　　　　　　　　图 14-5

通过实践，我们可以看到大黄鸡在执行 ![移动 10 步] 时，移动方向是在角色的方向为(0)度时，在旋转点下方画一条水平向右箭头，就是这个角色移动的方向，不管你面向什么角度，大黄鸡都是以画的箭头方向移动，如图14-6、图14-7、图14-8所示。

图 14-6   图 14-7   图 14-8

三、大黄鸡弹跳的条件

1．大黄鸡要跳起来，就需要给大黄鸡的面向角度输入适合的值，【动作】积木库中的 `面向 45 度` 积木可以让大黄鸡准备好起跳角度，让它向上跳。

2．大黄鸡如果碰到"弹板"，它会随机面向一个角度移动；利用【运算】积木库中的积木 `在 0 到 5 间随机选一个数` 与 `面向 45 度` 结合。

3．大黄鸡如果碰到"下边缘"，说明大黄鸡失败啦，就要利用【事件】积木库中的 `停止 全部 脚本` 积木停止程序。

利用大黄鸡程序流程图进行分析编程模块范例如图 14-9、图 14-10。

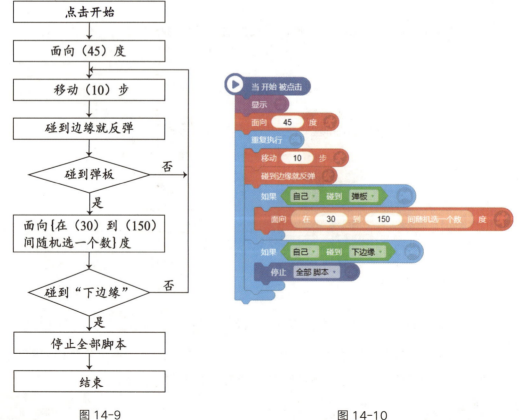

图 14-9   图 14-10

任务实践 ✂

1. 添加好背景和角色，角色有大黄鸡、一棵树、一个苹果和弹板。

2. 弹板随着鼠标的 X 坐标水平移动；

3. 大黄鸡需要面向（45）度重复移动（10）步，如果碰到"弹板"就面向任意一个角度移动，如果碰到屏幕"下边缘"停止全部脚本。

拓展任务 📍

苹果在树上静静地等着精灵们采摘，训练师们在开始给苹果编程时，可以想一想把苹果做出什么效果呢？你可以尝试用程序流程图来做一个程序分析吧。

苹果程序流程图：

💎 **交流评价**

大黄鸡在我们的帮助下，已经可以跳起来啦！这可真不容易啊！因为如果面向的

角度不太好的时候，大黄鸡跳起来就很困难！你认为大黄鸡执行

后会向哪个方向移动？用箭头画出方向。

第十五课　采摘苹果——摘苹果

大黄鸡在我们的帮助下，终于可以跳得高一些了，能量苹果唾手可得，大黄鸡得到苹果后身体也有了很大的变化！

任务发布 📢

1. 用一个苹果复制出更多的苹果。

2. 利用【外观】积木库中的

使大黄鸡得到能量后发生变化。

任务准备 ⚙

打开《采摘苹果》作品，让大黄鸡弹跳起来，因为就要摘苹果啦！

一、苹果被摘下来的过程

苹果碰到大黄鸡，做出相应的反应：苹果碰到大黄鸡会消失并在随机的几秒后再出现，让大黄鸡再次去采摘。有了这样的思路，我们先画出流程图，整理我们的程序思维（图15-1、图15-2）。

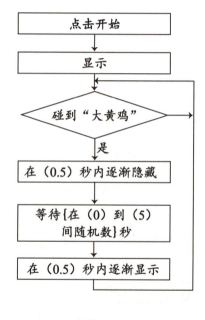

图 15-1

图 15-2

56

二、硕果累累的苹果树

现在树上只有一颗苹果，并不满足精灵们的需要，那么就让苹果树长满果实吧！

我们已经拥有一个带有程序的神奇苹果了，现在就用这个苹果复制出更多苹果。而复制出的苹果会带着被复制的苹果角色的程序（图15-3、图15-4）。

图 15-3　　　　　　　　　　　　　　　　图 15-4

复制出六个苹果，放在苹果树的合适位置。就可以等待大黄鸡采摘啦（图15-5）！

图 15-5

苹果的程序模块范例如图15-6。

图 15-6

三、大黄鸡吃到苹果后的变化

当大黄鸡碰到苹果后，会有一些身体的变化。别担心，这是大黄鸡能量增长的结果。利用【外观】积木库中的 将 颜色 特效设置为 10 积木就可以实现（图15-7）。

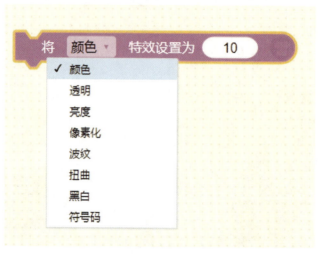

图 15-7

六个苹果都有不同的功能，是不是更好玩呢？在大黄鸡的脚本界面中，可以把大黄鸡碰到某一个苹果的效果用编程展现出来。

大黄鸡当碰到"果子"的程序流程图及编程模块范例如图15-8、图15-9。

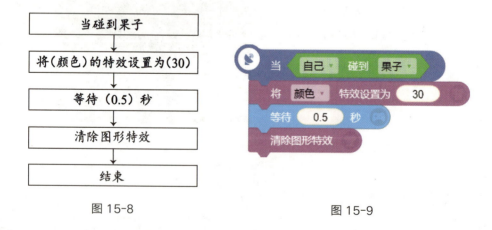

图 15-8   图 15-9

任务实践 ✂

1. 在源码编辑器中打开第十四课采摘苹果。

2. 在苹果的脚本界面中编程，苹果挂在树上，如果碰到大黄鸡在0.5秒内逐渐隐藏，在随机等待数秒后再逐渐出现。

3．再复制五个苹果，把它们摆放在树上。

4．在大黄鸡的脚本中，针对一个苹果做一个外观效果的编程，例如当碰到"果子"时颜色特效值设为（10），等待0.5秒后恢复原貌。

5．修改作品并保存及发布。

拓展任务

大黄鸡的朋友编程猫来了，它摘苹果的方式不是跳起来，而是跟随着鼠标移动！采摘到苹果时，会说一句"谢谢！"，真是一位有礼貌的精灵。

根据要求请你先利用流程图将想法绘制出来。

交流评价

我们通过一段时间的训练，已经在源码世界里与精灵们可以玩得很快乐！观察下面表格中的积木块，你认为它们在为大黄鸡采摘苹果中做了什么任务？

积木块	任务描述
将 颜色 特效设置为 10	（例）让苹果（颜色）变化
移到 x 鼠标的 x 坐标 y -350	
将 x 坐标 增加 100	
面向 在 30 到 150 间随机选一个数 度	

链接素材

第十六课　捕鱼小能手

编程猫很喜欢吃鱼，所以它经常到河边去捕鱼，这可不是一件容易的事儿呀！编程猫到底能捕到多少条鱼呢？我们拭目以待！

任务发布 📢

1. 注意调整角色鱼儿们的移动方向和旋转模式，否则游起来很奇怪哟。
2. 利用鼠标右键复制程序积木块，让所有鱼儿都有执行的程序指令。

任务准备 ⚙

在一片宁静的河边，水里游着各种各样的鱼儿，当然也少不了一张捕鱼网。鱼儿在开始状态是从左向右游，如图 16-1 设置。

虽然鱼儿比较多，但我们只要在一条鱼角色脚本中做好程序就可以啦！

图 16-1

一、鱼儿游的方向怎么改变

1. 将角色添加进来后，发现它们的方向决定它们游泳的方式与方向，在执行

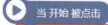

时，这两条鱼以箭头方向移动，如图 16-2、图 16-3 所示，你认为哪一个才是鱼儿的正常游泳方式呢？

1. 向鱼儿眼睛右侧方向移动

图 16-2

2. 向鱼儿尾巴右侧方向移动

图 16-3

我们要改变一些鱼儿的方向，才能让它们游得更自然（图 16-4、图 16-5）。

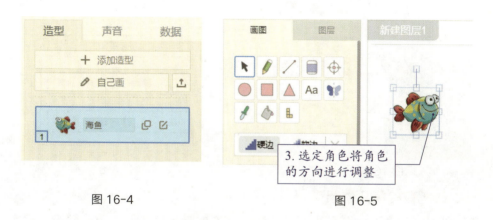

3. 选定角色将角色的方向进行调整

图 16-4

图 16-5

在执行鱼儿游来游去时，碰到边缘时反弹回来，只能左右翻转，有两种方法可以实现。

1. 利用【动作】积木库中 的积木进行选择。

2. 在角色的状态栏中，将旋转模式改为"左右翻转"（图 16-6）。

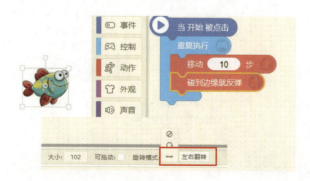

图 16-6

二、鱼儿自由自在地游，小心渔网

鱼儿经过我们的调整后，可以正常地游了！只要碰到渔网，就算编程猫捕到了它，当然鱼儿很多，一会还会在水道中出现。根据描述，我们利用程序流程图将程序思维整理出来。如右图：

编程模块范例如图 16-7、图 16-8。

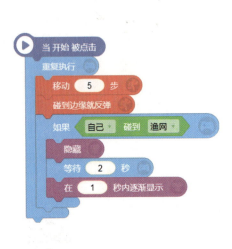

图 16-7

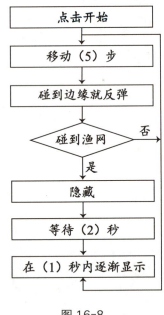

图 16-8

三、让所有的鱼儿游起来

我们针对一种鱼儿的角色进行了编程，还有四种不同鱼儿的角色并没有程序。不过用复制程序积木块就可以让其他鱼儿角色拥有我们编好的程序。在其他角色脚本中可以进行程序的不同调整（图 16-9、图 16-10）。

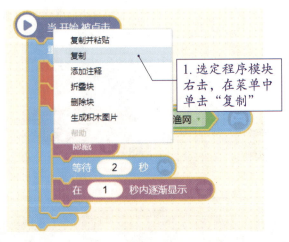

图 16-9

图 16-10

四、小心捕鱼网

编程猫的捕鱼网要派上用场啦！游戏开始时，捕鱼网是隐藏状态。当点击鼠标时，它随着鼠标移动显示出来，就看编程猫能不能捕到鱼啦！相信大家的心里已经有了编程的思路。捕鱼网的程序流程图及编程模块范例如图 16-11、图 16-12。

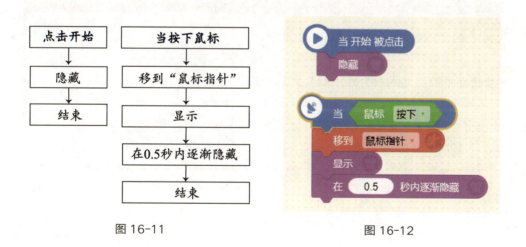

图 16-11　　　　　　　　　　　　　图 16-12

任务实践 ✂

通过分析，我们开始制作这个捕鱼游戏吧！

1. 添加有水的美丽背景和不同的五种鱼儿角色，按自己的喜好摆放好鱼的位置。

2. 调整角色鱼儿的移动方向，要让鱼儿是以头部前方移动，并且所有鱼儿角色规定只能"左右翻转"。

3. 点击开始时，鱼儿们不断地移动，碰到边缘时就再反弹回来继续移动，如果碰到渔网时就隐藏，过几秒后再显示。

4. 点击开始时，渔网是隐藏的，当按下鼠标时，移到"鼠标指针"处显示，在 0.5 秒后逐渐隐藏。

 拓展任务

编程猫捕的鱼可真不少，但它没有计算自己到底捕了多少条鱼，其实我们可以利用程序帮助它计算，运用【数据】积木库中的积木就可以实现，训练师们试一试吧！

◆ 交流评价

大家觉得这个游戏是不是还没完成，你还想加什么任务，完成怎样的效果呢？你认为利用编程可以完成以下任务吗？是否能做到，请在后面相应列中打"√"。希望训练师可以将游戏做得与众不同。

任务说明	能做到	做不到
规定捕鱼时间，时间到游戏结束		
在捕鱼数量达到 20 条后，通到下一关		
在下一关中，鱼儿可以自由游泳，但不能捕一种特殊的鱼，否则扣分值		

链接素材

第十七课　决战超声蝠——捣乱

源码世界的三头龙精灵在家中休息。一群超声蝠却闯进它家中吵吵闹闹，飞来飞去的不想让三头龙休息。

任务发布 📢

1. 在【控制】积木库中的 积木，使超声蝠有条件的重复执行相关指令。

在【控制】积木库中的  积木，可以分裂出很多超声蝠扰乱三头龙。

任务准备 ⚙

游戏的背景和角色当然是挑选自己最喜欢的精灵啦（图 20-1）！

图 20-1

一、分析角色"超声蝠"的活动形式和条件

想让超声蝠以什么形式出现在三头龙的家呢？首先要有一个思路，我们以超声蝠为中心，用思维导图的形式将想法初步整理出来，如图 20-2 所示。

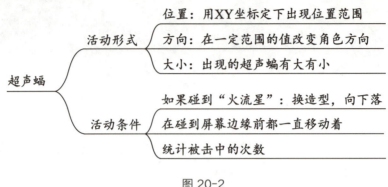

图 20-2

根据对超声蝠的活动形式分析，在源码编辑器里找到相应的积木，让超声蝠做好前期准备（图 20-3）。

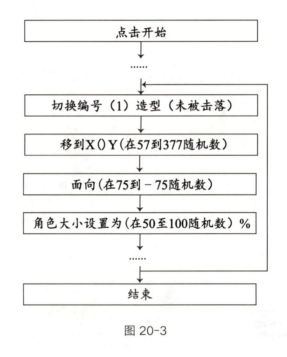

图 20-3

超声蝠活动条件在思维导图中给了我们一个方向：在没碰到"边缘"时，就一直移动，在这个过程中如果碰到"火流星"就要改造型、计数、落下。

1. 设置一个变量，名称为"分数"初始值为"0"。

2. 利用【控制】积木库中的 **重复执行直到** 积木，判断角色"超声蝠"在侦测条件符合前重复执行什么指令。

在碰到"边缘"前重复执行移动(4)步的指令。而碰到"边缘"后跳出此循环（图20-4）。

3.如果碰到"火流星"，"超声蝠"就要换被击落的造型，变量"分数"增加（1）；而且在碰到"边缘"前，以Y坐标方向增加（−10）落下，碰到"边缘"后跳出循环后程序从头开始执行（图20-5）。

图 20-4　　　　　　　　　　　　图 20-5

4.程序是自上而下执行,在多层循环中,首先是执行外循环的指令,在没有碰到"火流星"和"边缘"时，执行嵌套的循环，一直到嵌套循环条件符合时，则跳出嵌套循环，返回外部循环，执行超声蝠的活动形式指令，然后再次进入嵌套循环执行条件部分（图20-6）。

图 20-6

二、在"背景"脚本中利用"分裂"积木制作出一群超声蝠

如果想制造出很多超声蝠，有一个很好用的积木能实现这种效果，它就是【控制】积木库中的 [分裂 超声蝠 到x -193 y 155] 积木。

分裂的角色除了复制外形，还会继承原角色的积木，将选中角色的所有代码复制一遍，并将分裂体分裂到设定的坐标位置。也就是说，本体做什么，分裂体就做什么。如图 20-7。

图 20-7

注意！

在使用"当开始被点击"作为条件时，分裂模块不要随便使用在角色自己的脚本中！因为所有的分裂体都会不断执行分裂模块，形成可怕的指数型增长，增长爆炸会导致页面直接崩溃。我们可以在背景中分裂其他的角色。

执行分裂指令一次，分裂 1 个超声蝠，在这个游戏中，我们一次分裂出 3 个超声蝠，利用 XY 坐标将分裂出的超声蝠定位。程序范例如图 20-8。

图 20-8

任务实践 ✂

根据对超声蝠的分析和编程，超声蝠已经可以活动啦，现在我们就将超声蝠的程序制作出来吧。

1. 选择好背景和三个角色：超声蝠，火流星和三头龙。超声蝠有两个造型（图 20-9）。

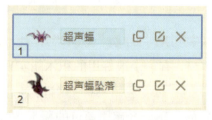

图 20-9

2. 在角色"超声蝠"的脚本中：

（1）当点击开始时，将变量"分数"值设置为（0）。

（2）重复执行移动的 XY 坐标、面向方向及角色大小在一定值范围的设置。

（3）在碰到"边缘"前，重复执行移动（4）步，碰到"边缘"就跳出循环。

（4）如果碰到"火流星"，但还没碰到"边缘"前，执行换下一个造型，计分，超声蝠以 Y 坐标轴方向增加（−10）落下。碰到边缘后跳出循环。

3. 在背景中利用分裂积木，循环 3 次，指定 XY 坐标后，出现多个超声蝠在屏幕中的效果。

拓展任务

本课中对"超声蝠"的程序进行了分析，还有两个角色并没有完成编程，你们认为三头龙会利用它的火流星怎样对付超声蝠呢？利用思维导图将某个角色的执行效果分析出来。

交流评价

1. 针对 　　　　　　　　　　　程序描述哪一个是正确的？（　　）

A. 如果鼠标按下，就抖动 1 秒。

B. 重复执行抖动 1 秒，鼠标按下就跳出这个循环。

C. 重复执行抖动 1 秒。

2. 火流星要分裂出多个，你认为这段程序应该放在哪个脚本中合适？（　　）

A. 背景　　　B. 超声蝠　　　C. 火流星　　　D. 三头龙

快醒醒三头龙！超声蝠来捣乱了！拿出火流星来赶走它们吧！我们帮帮它吧，看在有限的时间内能赶走多少只超声蝠。

任务发布

利用【画笔】积木库中的 `文字印章 " Hello " 大小 24` 积木和【运算】积木库中的 `把 " ab " " c " 放在一起 +`，可以在画面上显示时间和击中超声蝠的数量。

任务准备

打开作品《决战超声蝠》，运行一下，看看是否飞来了不少超声蝠。现在就要看三头龙怎么对付它们了。角色三头龙需要两个造型。

一、分析三头龙的活动形式及活动条件

三头龙需要在规定的 10 秒时间内统计出击中了多少只超声蝠。还要把记录的得分清晰地展示在画面中。利用思维导图将三头龙的任务进行分析与整理（图 21-1）。

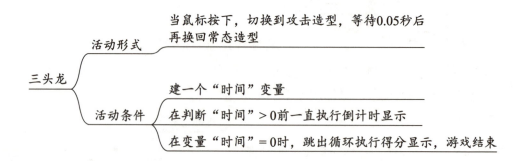

图 21-1

1. 建立一个新变量，名称为"时间"，初始值为10（图21-2）。

2. 利用【运算】积木库中的 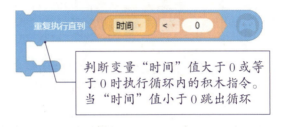 和【变量】积木库中的

时间 判断（图21-3）。

判断变量"时间"值大于0或等于0时执行循环内的积木指令。当"时间"值小于0跳出循环

图 21-2　　　　　　　　　　图 21-3

3. 要将变量的值显示在屏幕中显眼的地方。

(1) 当建立新变量后，一般显示在屏幕的左上侧，如图21-4所示。

在变量"时间"和"得分"中勾选"隐藏变量"，在屏幕中不出现默认变量样式。

(2) 现在要让这个变量在背景上用另一种方式显示出现，可以在背景上显示时间和最终击落超声蝠的数量（图21-5）。

图 21-4　　　　　　　　　　图 21-5

(3) 利用【画笔】积木库中的 文字印章 "Hello" 大小 24 积木和【运算】积木库中的 把 "ab" "c" 放在一起 来设计这个实时显示，是由"倒计时"+变量"时间"+"秒"组合而成。

1.将两个积木进行合并,点击"+"再添加出一个显示框

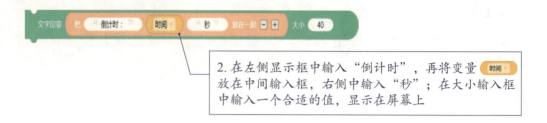

2. 在左侧显示框中输入"倒计时"，再将变量 时间 放在中间输入框，右侧中输入"秒"；在大小输入框中输入一个合适的值，显示在屏幕上

(4) 倒计时和击中次数显示的位置是由角色三头龙图形的中心点决定的。因为执行这个程序是在三头龙的脚本中实现的（图 21-6）。

图 21-6

通过分析，我们已经可以为三头龙开始计时和计算击中的次数啦！编程模块范例如图 21-7。

```
当 开始 被点击
切换到造型 三头龙1
重复执行直到 时间 < 0
清除画笔
设置 画笔 颜色
文字印章 把 "倒计时：" 时间 "秒" 放在一起 ➖ ➕ 大小 40
等待 1 秒
使变量 时间 减少 1
清除画笔
文字印章 把 "击中" 得分 "个" 放在一起 ➖ ➕ 大小 50
等待 1 秒
停止 全部 脚本
```

图 21-7

(5) 三头龙在进攻时用的是按下鼠标发出火流星，它也会在造型上配合这个进攻形象。 利用流程图对程序进行分析与整理，编程模块范例如图 21-8。

图 21-8

二、火流星执行任务就是击打超声蝠

火流星在点击开始时先隐藏，如果按下鼠标，它就移到鼠标位置，先出现再隐藏（图 21-9）。

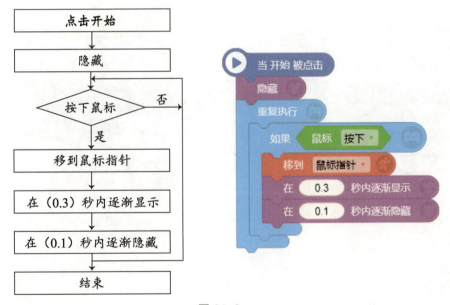

图 21-9

任务实践　✂

制作《决战超声蝠》中角色火流星和三头龙的编程步骤如下：

1. 在三头龙的脚本中，三头龙有两个造型，它要完成计时和显示任务。

（1）设置变量，名称"时间"，初始值：10；在时间">"或"="0前，重复执行以下指令：利用文字印章积木将倒计时显示出来，而倒计时是等待 1 秒，"使变量＜减少＞1"。

（2）在时间"＜"0 后，退出循环后消除画笔，利用文字印章积木将击中次数显示出来，游戏结束。

（3）当鼠标按下时，就切换造型，等待 0.02 秒后再切换另一个造型。

2. 在火流星的脚本中，它的任务就是：游戏开始前先隐藏，如果＜鼠标按下＞，跟随鼠标逐渐显示，然后又逐渐隐藏。

💎 交流评价

在程序中指令经常有条件地执行。下面有两段程序（图 21-10、图 21-11），你认为哪一段程序可以执行：在 5 秒内播放音乐，5 秒过后移动 100 步。你是如何分析的？

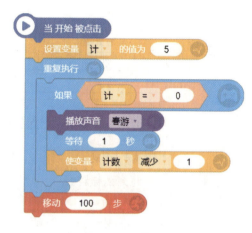

| 图 21-10 | 图 21-11 |

链接素材

大家都喜欢玩游戏吧？源码进步蜂号是一位战力十足的游戏射击高手，只要我们训练师指挥得当，源码进步蜂号一定能所向披靡，战胜对手。让我们在编程猫的指导下，设计一个在星空背景下能机智灵活运动的进步峰号吧。

任务发布

1．学会设置背景向下匀速移动，产生进步峰号在战场上前进的效果。
2．认识造型，并学会应用造型制作角色的动态效果。
3．学会设置进步蜂号随鼠标指针移动。

任务准备

运动是相对的：当背景移动时，我们可以看作是动画角色向相反的方向移动。

不断快速变换角色的造型，可以产生角色变化运动的动态效果。

准备一张星空背景图和四种进步蜂号造型图片（图 22-1、图 22-2）。

图 22-1

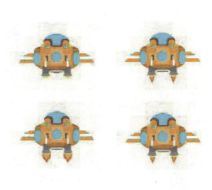

图 22-2

一、设置进步蜂号的动态效果

让进步蜂号的四个造型快速不断交替出现，就会产生进步蜂号的动态效果。用以下几个积木实现（图 22-3）。

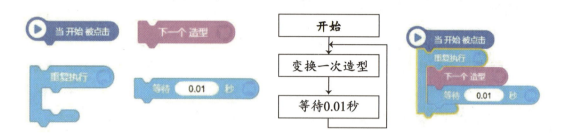

图 22-3

二、设置进步蜂号跟随鼠标指针移动

为了指挥进步蜂号进行对敌人的攻击，需要进步蜂号能随着鼠标指针的移动而移动，从而能快速控制进步蜂号在屏幕上改变位置（图 22-4）。

图 22-4

这样，进步蜂号这个角色就有两组积木同时在控制它的运动（图 22-5）。

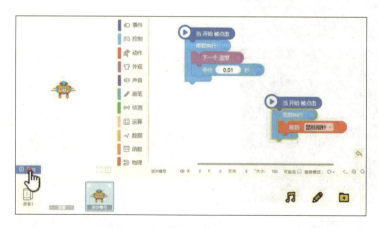

图 22-5

三、制作背景向下移动，产生进步蜂号不断前进的效果

让星空背景不断向下移动，形成进步蜂号不断前进的视觉效果（图 22-6、图 22-7）。

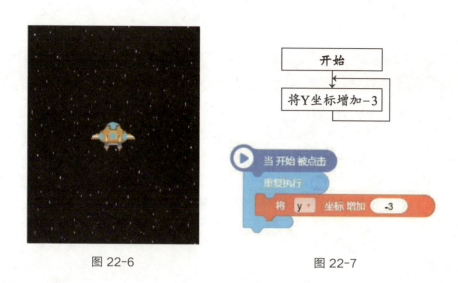

图 22-6　　　　　　　　　　　　图 22-7

想一想　为什么 Y 坐标增加的值是 −3，如果改成 3，会是怎样的效果呢？

任务实践 ✂

1. 打开编程猫，导入"进步蜂号""星空背景"等素材。
2. 设置四个进步蜂号"造型"。
3. 应用等待和下一个造型积木块，实现进步蜂号四个造型的交替出现，达到进步蜂号飞行时的动态效果。
4. 设置背景匀速向下移动，实现进步蜂号前进的效果。
5. 给角色进步蜂号设置跟随鼠标移动，为实现射击进攻做好准备。

拓展任务 📍

怎样改变背景移动的速度呢？想一想要调整程序中的哪个参数？试一试，验证自己的想法。

交流评价

1. 和组内同学交流作品，看谁画的背景、角色美观、形象。
2. 评价自己的作品。

源码任务	完成情况
知道什么是造型	◆
能给一个角色添加三个造型	◆
会让屏幕上的角色随着鼠标指针移动	◆
会让背景图片不断向下移动	◆
能调试我的积木程序模块，达到预期效果	◆

进步蜂号启动——火力威猛

要具备强大的战斗力，进步蜂号不仅要能自由移动，还要拥有迅猛的火力，这样才能精准击落敌方的飞机，获得足够的能量。源码设计师阿短就要在编程猫的帮助下设计源码程序，让进步蜂号在快速前进的同时，发射火力迅猛的子弹。

任务发布

1. 给进步蜂号装备子弹，并让子弹连续向前发出，击毁敌机。
2. 设置变量能记录击毁敌机的架数。
3. 设置敌机随机出现并进攻，碰到子弹或碰到屏幕下边缘即消失。

任务准备

进步蜂号发射子弹击落飞机的场面要逼真，需要添加敌人战斗机角色、子弹角色。准备好敌机和子弹的图片，添加到场景中。怎样让这些角色运动起来，实现激烈战场的效果呢？

设置一个变量"得分"，记录"子弹"角色碰到"敌机"角色的次数，即游戏的成绩：得分。

敌机的进攻实际是随机出现在屏幕上方，然后向下移动，若遇到子弹则消失；如果移动到屏幕下边缘，也消失。

子弹一出现就移到进步蜂号，然后向上移动，如果碰到敌机，就再移回进步蜂号，再次向上移动；如果离开屏幕上边缘，则也移回进步蜂号。

经过上面的分析，阿短明白了怎样运用源码积木块来实现空战的效果了（图23-1）。

图 23-1

一、设置子弹的功能

设置变量"得分"，用来记录子弹击落敌机的架数。用 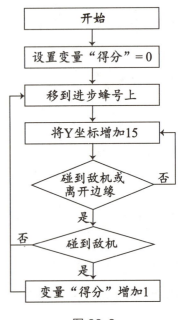 积木库中的积木 来实现。

子弹是从进步蜂号发射的，子弹出现，就要移到进步蜂号上。用 动作 积木中的 来实现。

子弹出现后，前进 15 步，判断是否碰到了敌机或者离开了屏幕边缘，如果是，再判断是否碰到了敌机，如果碰到了敌机，就使变量"得分"增加 1。重复执行，就实现了子弹从进步蜂号上发出，向上移动，碰到敌机就立刻移回进步蜂号，再次发出，同时，"得分"增加 1，如果一直向上离开屏幕边沿，则也移回进步蜂号。

把这些分析子弹运行的想法用流程图表示如图 23-2。

用源码积木程序实现如图 23-3。

图 23-2

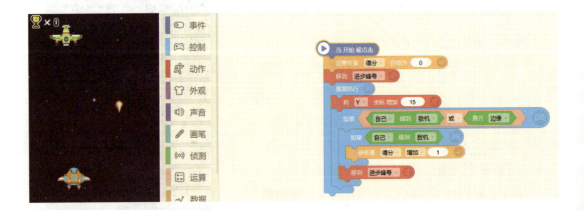

图 23-3

二、设置敌机

敌机出现在屏幕的上方，水平坐标是随机的。出现后，敌机向屏幕下方移动5步，如果碰到子弹，则重新出现在屏幕上方，水平坐标随机。如果一直向下碰到下边缘，则重新出现在屏幕上方，水平坐标随机。

把这个思路用流程图表示如图23-4，积木脚本如图23-5。

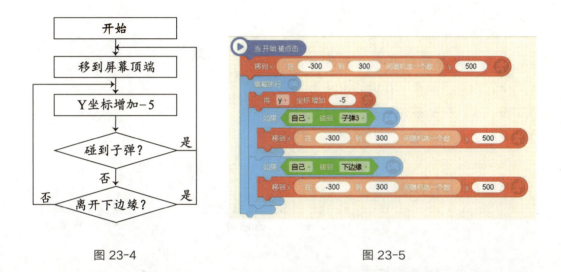

图 23-4　　　　　　　　　　　　　　　　　图 23-5

将敌机移到屏幕顶端且水平坐标随机，用的源码积木是：

这里，X轴的坐标是−300到300之间随机选取的一个数字。保证每次敌机出现在屏幕顶端的时候，位置是不一样的，增加了游戏中打击敌机的难度。

想一想，为什么将Y坐标增加的值是−5，如果改成5，会是怎样的效果呢？

任务实践 ✂

1．打开上节课保存的进步蜂号源码程序。

2．添加子弹角色；添加敌机角色。

3．分析子弹在游戏中打击敌机的过程。用流程图表达自己的思路；用源码积木实现自己的想法。

4.分析敌机在游戏中出击、飞行、被击中的过程。用自己的语言说说这个过程；用流程图来表达这个过程；用源码积木实现自己的想法。

5.运行调试源码积木程序，实现自己的想法。

🔍 **源码大百科**

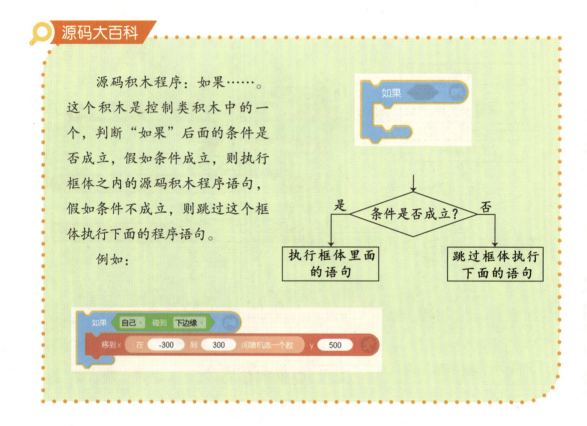

　　源码积木程序：如果……。这个积木是控制类积木中的一个，判断"如果"后面的条件是否成立，假如条件成立，则执行框体之内的源码积木程序语句，假如条件不成立，则跳过这个框体执行下面的程序语句。

　　例如：

💬 **拓展任务** 📍

　　阿短想，如果想让战斗更激烈一些，应该改变敌机或者子弹的什么属性呢？

　　请帮一帮阿短，如果让子弹运行的速度更快一些，是不是感觉战斗更激烈呢？可是如何才能使子弹飞行更快呢？该调整源码程序里的哪个参数呢？试着调整源码程序中的参数，改变子弹飞行的速度。

　　如果让敌机飞行的速度更快一些，是不是同样感觉战斗更激烈呢？可是如何才能使敌机飞行更快呢？该调整源码程序里的哪个参数呢？试着调整源码程序中的参数，改变敌机的速度。

交流评价

1. 和组内同学交流作品，看谁做的游戏战斗场面更激烈。
2. 相互玩玩同桌制作的游戏，说说同学制作的游戏有哪些优点和需要改进的地方
3. 评价自己的作品。

源码任务	完成情况
添加了敌机、子弹等角色	💎
会设置变量，并能通过循环程序，使变量能实现累加	💎
会设计子弹的程序	💎
设计敌机进攻、被击落的程序	💎

第二十一课　进步蜂号启动——激烈战斗

要让战斗的场面激烈，除了火力威猛，还要游戏的场景丰富多彩，并伴有激烈的背景音乐，声画同时刺激，玩的人才会有身临其境的感觉，才会被游戏深深吸引。源码设计师阿短跃跃欲试，给进步蜂号设计精彩的游戏场景。

任务发布

1. 设计游戏过关，每一关切换不同的背景，应用不同的子弹。
2. 设计游戏成功和失败的页面。
3. 给游戏添加背景音乐。

任务准备

要让游戏中进步蜂号战斗场面激烈，给游戏的进程设计为三关，每一关都设计不同的背景，并且进步蜂号使用不同威力的子弹，如果顺利过关，则显示成功，结束游戏，如图 24-1；如果进步蜂号碰到敌机，则显示失败，结束游戏。给游戏添加背景音乐。

因此，要添加以下内容：

1. 再给背景添加两个造型，连同空白背景，使背景具有四个造型（图 24-2）。

图 24-1

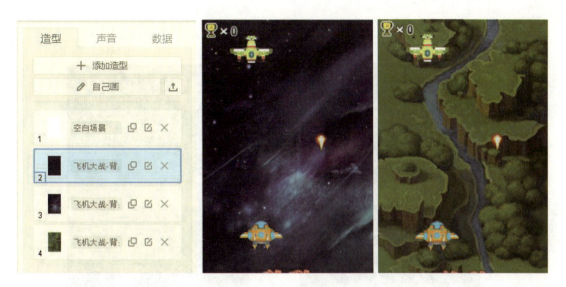

图 24-2

2. 给子弹再添加两个造型，子弹共有三个造型（图 24-3）。

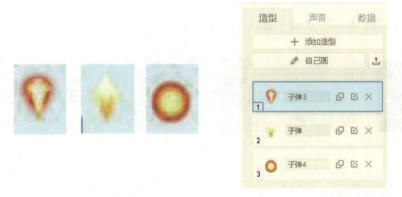

图 24-3

3. 选择一段适合战斗游戏场景的背景音乐（图 24-4）。

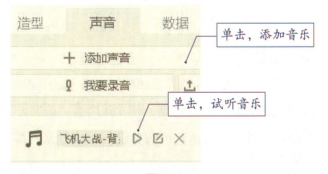

图 24-4

4. 添加"成功""失败"两个角色，如图 24-5、图 24-6。

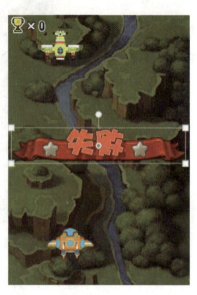

图 24-5 图 24-6

这样，游戏共有一个背景和五个角色（图 24-7）。

图 24-7

一、添加背景音乐

游戏的时间不确定，所以背景音乐"飞机大战－背景音乐"要重复播放，直到游戏结束（图 24-8）。

图 24-8

二、设置游戏各个阶段的不同背景

将游戏过程设计为三关，游戏一开始即是第一关，如果击落敌机 10 架，则进入第二关，同时，背景切换为背景的第二个造型，并发送广播"第二关"。

如果击落敌机 20 架，则进入第三关，同时背景切换为背景的第三个造型，并发送广播"第三关"。

如果得分达到 40 分，则发送广播"成功。"如图 24-9、图 24-10 所示。

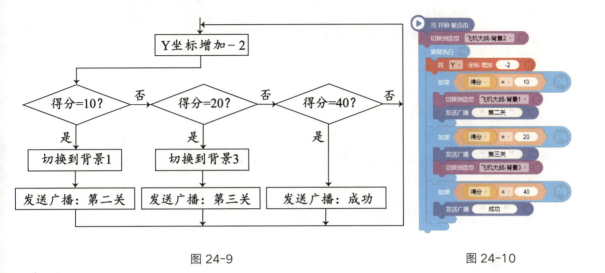

图 24-9　　　　　　　　　　　　　　　　　　图 24-10

三、设计游戏失败的界面

如果进步蜂号碰到敌机，则游戏失败。

游戏开始时，角色失败是隐藏的，如果进步蜂号碰到敌机，则失败角色显示，同时，停止执行所有的脚本。

在"失败"角色中，插入图 24-11 源码积木程序。

图 24-11

四、设计游戏成功的页面

如果连过三关，击落的敌机达到 40 架，则显示成功，游戏结束。

游戏开始时，角色是成功隐藏的，如果得分等于 40 时，发送广播"成功"，收到广播"成功"时，则成功角色显示，同时停止执行所有脚本。

在"成功"角色中，插入图 24-12 的源码积木程序。

图 24-12

图 24-13

五、不同关，使用不同子弹

为了增加游戏的趣味性，体现飞机大战的激烈程度，每关，使用的子弹可以不同。

在背景程序中，每过一关则会发送广播"第＊关"，根据这个广播，可以在不同的关卡设计不同的子弹。例如，要在第二关中变换子弹，可以在"子弹"角色中，添加如图24-13的源码积木程序。

任务实践 ✂

1. 导入飞机大战背景音乐，插入到"背景"中，应用循环积木，实现游戏时，背景音乐连续播放的效果。

2. 给背景添加几个造型，实现游戏过程中的不同关卡变换不同的背景；在每一次过关时，发送广播。

3. 给"子弹"角色添加不同的造型，实现每一关使用不同的子弹。

4. 添加"失败"角色，设计如果进步蜂号碰到敌机，则显示"失败"，同时停止所有脚本的运行，游戏结束。

5. 添加"成功"角色，设计如果顺利通过各关，则显示"成功"，同时停止所有脚本的运行，游戏结束。

拓展任务 📍

1. 阿短想，刚才设置的游戏各关虽然界面和子弹都有所变换，但游戏的难易程度没有变化。

想一想 能不能设计每过一关，游戏难度就增加一些呢？应该改变哪些参数？

试一试 改变游戏源码积木命令，验证你的想法。

2. 用思维导图来梳理这个游戏的结构，如图24-14。

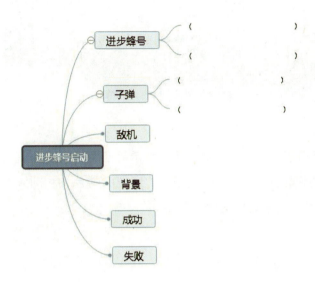

图 24-14

💎 **交流评价**

1. 编写好自己的打飞机游戏，自己玩一玩，是不是达到了预期的效果。

2. 相互玩玩同桌制作的打飞机游戏，和同桌说一说还有哪些地方可以改进，使游戏更有趣。

3. 你设计的游戏和课本中的一样吗？如果不一样，把你设计的游戏的思维导图画在下面。

链接素材

　　贪吃蛇是大家都喜欢玩的一个小游戏，阿短也希望应用源码积木编写一个贪吃蛇游戏给编程猫玩。阿短想编写的游戏不仅要好玩，还要有特色，和别人的贪吃蛇游戏不一样，编程猫要帮阿短一起来完成这个任务。

任务发布

　　1.应用画板画出贪吃蛇的蛇头、蛇身。

　　2.应用克隆积木设计出灵活的蛇身，能和蛇头形成一个整体，跟随鼠标移动。

　　3.学会"克隆"工具的应用，并使用"删除自己"使克隆的蛇身保持一定的长度，如图 25-1。

图 25-1

任务准备

　　添加一个白色背景；打开画板，画出蛇身和蛇头这两个角色，如图 25-2。

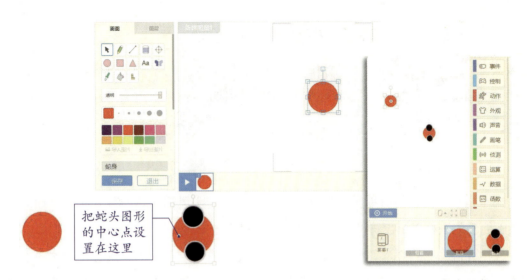

图 25-2

　　阿短要设计的"灵活的贪吃蛇"是这样运动的：鼠标指针移到哪里，贪吃蛇就面向着鼠标指针跟随到哪里。只要设计蛇头面向且跟随鼠标指针，而蛇身紧紧跟随着蛇头就行了。

一、设置面向鼠标指针的蛇头

　　让蛇头面向鼠标，旋转 30 度，前进 10 步，然后等待 0.01 秒，不断重复这组动作，蛇头就能面向着鼠标指针移动了。用流程图和积木脚本表示如图 25-3、图 25-4。

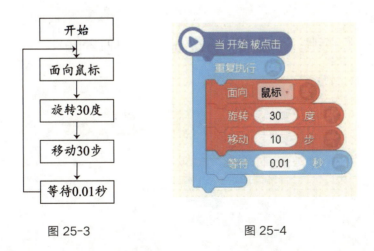

图 25-3　　　　　　　　　　图 25-4

其中，面向积木 面向 鼠标、旋转积木 旋转 30 度、移动积木 旋转 30 度 都在"动作"积木库中。将这几个积木的参数设置好，连接起来拖入"重复执行"循环中，再在"控制"积木库中找到"等待"积木 等待 0.01 秒，将参数设置为 0.01 秒，这个参数决定了蛇头移动的流畅程度。

二、设置蛇身

蛇身是长长的，而且能灵活转动，要实现跟着蛇头灵活运行，且方向不可预知，显然不能预先画好。那怎样实现蛇身的灵活性呢？

应用克隆命令可以实现这一功能。运动的蛇身由 5 个圆组成，蛇身在运动中不断的克隆角色"蛇身"，同时也在不停地删除最先出的克隆体，使蛇身一直保持着 5 个圆的长度（图 25-5）。

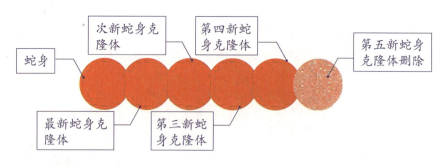

图 25-5

我们为蛇身设计一个不断克隆的程序。先新建并设置一个变量"生长次数"，就是要保持蛇身的长度。

然后重复执行移到蛇头，等待 0.1 秒，克隆蛇身（图 25-6）。

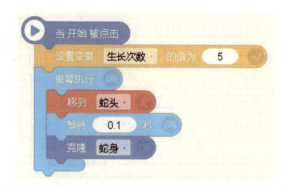

图 25-6

上面的源码积木程序会使蛇身迅速变长，要及时删除多余的克隆体，使蛇身保持5个圆形。

删除蛇身克隆体，可以用  实现。什么时候删除蛇身克隆体，才能使蛇身克隆体总是有四个显示在屏幕上，使蛇身由 5 个圆构成呢?

每等待0.1秒就完成一个蛇身的克隆体，那么，要删除第5个克隆体，就需要等待0.1秒乘以变量"生长次数"5 即 0.5 秒删除蛇身克隆体。

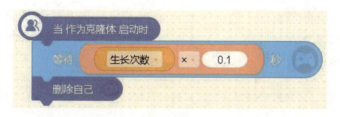

删除蛇身克隆体的源码积木程序如图 25-7。

鼠标移动越快，蛇头跟进越快，蛇身克隆体之间的距离会增加，蛇身会变长，如果鼠标移动较慢，蛇身就变短了。

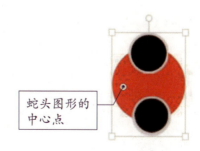

图 25-7

任务实践 ✂

在画板中绘制蛇身和蛇头两个角色，注意，将蛇头角色的图形中心点设置在两只眼睛的后方（图 25-8）。

蛇头图形的
中心点

图 25-8

挑战自我 🌐

试一试　改变蛇头的中心点，运行程序，看看蛇头和蛇身的相对位置关系。

想一想　一个角色通过"移到"源码积木移动到另一个角色上时，是两个角色的什么位置重合了？试一试，验证你的想法。

如果要让游戏中蛇身的长度达到 6 个圆形，应该怎样修改程序？试一试。

🔍 源码大百科

1. **面向 [鼠标▾]** 这个动作源码积木的作用是使角色能面向参数指定的角色。

试一试这个积木的用处。

2. **克隆 [蛇身▾]** 这个事件源码积木的作用是将指定角色再克隆一个，可以简单地在短时间内得到多个同样的角色。这个源码积木在游戏程序设计中经常会用到。

💎 交流评价

说一说　"移到"和"面向"两个源码积木的不同作用。

想一想　在贪吃蛇游戏中，蛇头积木程序中的 **旋转 (30) 度** 有什么作用？

灵活的贪吃蛇制作好了，如果给这个贪吃蛇提供一些食物，让他越吃越大，那该多好玩呀！阿短这么想着，决定编写一个好玩的贪吃蛇吃食物的游戏，给猫老祖玩。我们一起帮帮阿短来完成这个任务吧。

任务发布

1. 在上节课灵活的贪吃蛇程序的基础上，设置蛇身各克隆体的间距变短，以便设置可以变得更长的贪吃蛇。

2. 设计一个可以随机出现的食物，供贪吃蛇捕食。

3. 贪吃蛇每吃一次食物，蛇身就变长一节，用变量进行计数，增加蛇身的长度。

4. 用变量计时，删除多余的蛇身克隆体。

任务准备

由于任务中蛇的身体会因为捕食的食物越多，身体会越长，为了能更好地显示，可以让每次克隆蛇身的等待时间变短。比如，从之前的0.1秒变为0.01秒，这样，贪吃蛇的身体看着更为光滑了。

累计贪吃蛇吃食物的变量还用原来程序中的变量"生长次数"。

需要给贪吃蛇绘制一个"食物"角色。当"食物"碰到角色"蛇头"时，贪吃蛇就吃到了食物，变量"生长次数"增加1，如图26-1。

图 26-1

经过以上分析，我们一起编写这个程序吧。

这个任务需要在上节课"灵活的贪吃蛇"基础上完成，所以先打开上节课的程序。

打开画板，绘制一个贪吃蛇的食物。此时程序共有一个背景和3个角色（图26-2）。

图 26-2

一、修改蛇头的程序

将蛇头程序中的等待时间设置为 0.01 秒，如图 26-3。

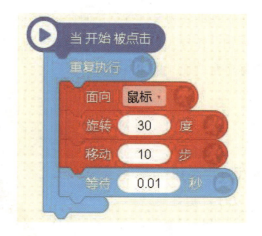

图 26-3

二、编写食物的程序

角色食物是这样运动的：当食物碰到蛇头时，会随机移动到另一个地方，等待玩家利用鼠标继续指挥贪吃蛇来吃。因为贪吃蛇吃到食物，蛇身要增长，所以变量"生长次数"的值要增加 1。

以上分析用流程图和积木脚本表示如图26-4、图26-5。

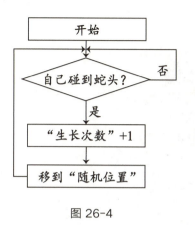

图 26-4

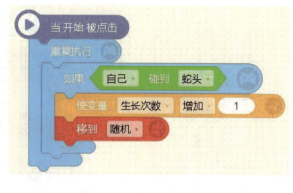

图 26-5

三、编写蛇身的程序

阿短仔细思考，怎样才能让贪吃蛇吃到食物后身体增加长度呢？那就是要延长删除蛇身克隆体的时间。这个时间可以由变量"生长次数"来决定。程序运行后，给变量"生长次数"赋的初值是5，每等待0.01秒就克隆一个蛇身；而删除蛇身克隆体的等待时间为5乘以0.1秒，即0.5秒，而此时已经克隆了50个蛇身克隆体。如果贪吃蛇吃一次食物，变量"生长次数"就变为6，删除蛇身克隆体的等待时间变为0.6秒，也就是克隆60个蛇身克隆体后，程序才会删除克隆体，那么蛇身就比之前变长了。

这些关系可以用下表表示：

贪吃蛇吃食物个数	变量生长次数的值	删除克隆体的等待时间（秒）	蛇身由几个圆构成
0	5	0.5	50
1	6	0.6	60
2	7	0.7	70
3	8	0.8	80
4	9	0.9	90
5	10	1	100

蛇身源码积木程序如图 26-6、图 26-7。

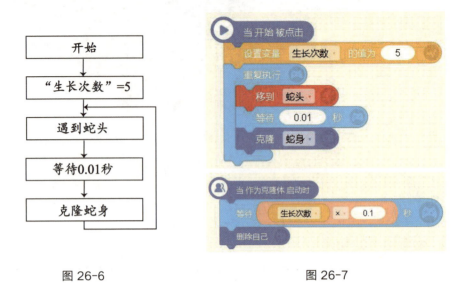

图 26-6   图 26-7

这里的变量"生长次数"和食物程序中的变量"生长次数"是一个变量。可见，在一个程序中，通常变量在各个角色中是共用的。

任务实践 ✂

1. 打开上节课编写的"灵活的贪吃蛇"程序。

2. 打开画图板，绘制"食物"角色。

3. 改编角色"蛇头"的源码积木程序，将等待时间改为 0.01 秒。

4. 编写角色"食物"的源码积木程序，实现如果角色"食物"碰到蛇头，则角色"食物"移到屏幕上随机的位置，同时变量"生长次数"的值增加 1。

5. 修改蛇身程序，实现如下效果：如果贪吃蛇吃到食物，角色"蛇身"克隆体等待删除的时间会变长，贪吃蛇的身体相应变长。

6. 运行程序，并调试，达到自己预想的效果。

挑战自我 🌐

想一想　如果想让贪吃蛇身体长得慢一些，应该调整程序里的哪些数值？试一试，验证你的想法是否正确。

源码大百科

　　"等待" [等待 1 秒] 积木是【控制】积木库中的积木，它的作用是使角色运动中断等待一定的时间。

　　它的参数可以是一个数值，可以是一个变量，也可以是一个运算表达式。程序中的积木 [等待 生长次数 × 0.1 秒] 参数就是一个较为复杂的表达式。这个表达式是变量"生长次数"和0.1的乘积。这个积木的输入是这样完成的：

　　先将控制积木 [等待 1 秒] 、运算积木 [0 × 0] 、数值积木 [生长次数] 拖入脚本区，逐次拖入前一个积木相应的位置，然后调整好数值就好了。

交流评价

1. 说一说你是怎样完成源码积木 [等待 生长次数 × 0.1 秒] 的输入的。
2. 和同桌相互玩一玩各自编写的游戏，判断是否达到了预期的目的？
3. 说一说本节课最难理解的程序是哪一部分，你是怎样掌握的？

贪吃蛇游戏——玩转贪吃蛇游戏

阿短觉得自己制作的贪吃蛇游戏还不完美，虽然贪吃蛇可以在鼠标的引导下捕食食物，但平淡无奇，没有挑战性，他觉得应该增加游戏的难度，比如，贪吃蛇碰到屏幕边缘则游戏失败，只有有难度、有挑战性的游戏才会更好玩。我们一起帮帮阿短来完成这个任务，让猫老祖愉快地玩贪吃蛇游戏吧。

任务发布

1. 在上节课能吃的贪吃蛇程序的基础上，编写程序，如果贪吃蛇的头碰到屏幕边缘，游戏就失败而结束。

2. 编写程序，如果贪吃蛇连续吃掉 20 个食物，则游戏过关成功。

3. 设计两个角色，分别是成功和失败，在游戏成功或失败时出现。

4. 变化贪吃蛇的食物，增加游戏的趣味性。

任务准备

要让贪吃蛇游戏玩起来有趣，具有挑战性，需要有奖惩规则，比如，如果贪吃蛇的头部碰到屏幕的边缘，游戏就结束，同时显示"失败"角色；如果鼠标引导贪吃蛇吃掉一定数量的食物，提示游戏成功。需要制作"成功""失败"两个角色，还要修改蛇头的积木程序，实现蛇头碰到屏幕边缘结束程序运行。

变换贪吃蛇的食物，也是增加游戏趣味性的手段，比如，每吃 10 个食物，角色"食物"就变换一个造型。这就需要给角色"食物"添加两个造型（图 27-1）。

图 27-1

打开画板，添加成功和失败两个角色（图 27-2）。

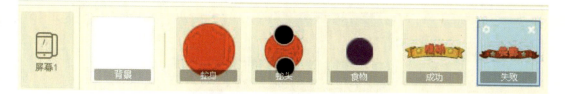

图 27-2

给角色"食物"添加两个造型（图 27-3）。

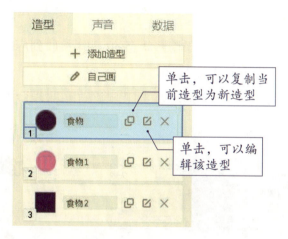

图 27-3

一、修改角色"蛇头"的程序，给游戏添加"失败"的效果

这是之前编写的角色"蛇头"的程序积木（图 27-4）。

要让角色"蛇头"碰到屏幕边缘游戏结束，可以用"如果"积木程序来完成，即：如果蛇头碰到边缘，则发送广播"失败"，便于角色"失败"收到该广播，结束游戏。

图 27-4

这个思路可以用以下源码积木程序实现（图 27-5）。

图 27-5

二、设计"失败"角色

游戏开始后，角色"失败"是处于隐藏状态的，如果接收到广播"失败"，则角色"失败"显示出来，同时游戏结束（图 27-6）。

图 27-6

三、修改角色"食物"的程序

如果贪吃蛇连续吃掉 10 个食物，则角色"食物"变化一个造型。

根据之前的分析，连续吃掉 10 个食物后，变量"生长次数"的值为 15。也就是说，如果变量"生长次数"等于 15，那么角色"食物"变换一次造型。

可用以下源码积木实现这个功能（图 27-7）。

图 27-7

将这几个积木连接起来，并且按
照要求修改好相关参数（图27-8）。

图 27-8

将这段积木程序串加入以前的积木程序中，如图 27-9、图 27-10。

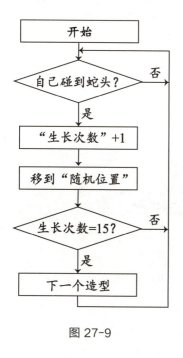

图 27-9

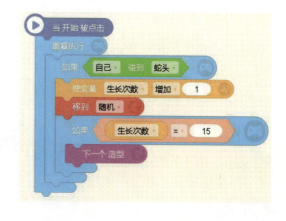

图 27-10

四、"成功"程序设计

首先确定游戏规则，怎样才算游戏成功？比如，鼠标指针引导贪吃蛇连续吃掉20
个食物。怎样用程序实现呢？当然是要用到变量"生长次数"。

变量"生长次数"的初始值是5，贪吃蛇每吃一个食物，变量"生长指数"的值增加1，
如果贪吃蛇连续吃了20个食物，那么变量"生长次数"的值就变成25。因此，可用"如
果"积木程序来完成，在角色"食物"源码积木程序中添加：如果变量"生长次数"
等于25，那么发布广播"成功"；角色"成功"接收广播"成功"后，显示角色"成
功"，同时停止游戏（图27-11）。

角色"食物"的积木程序如图 27–12。

图 27-11 　　　　　　　　　　图 27-12

角色"成功"的积木程序如图 27–13。

图 27-13

任务实践 ✂

1. 打开上节课编写的"能吃的贪吃蛇"程序。

2. 给角色"食物"添加几个造型。

3. 添加"成功"、"失败"两个角色。

4. 修改角色"蛇头"的程序，并给角色"失败"编写程序，实现贪吃蛇蛇头碰到屏幕边缘，显示"失败"并结束程序。

5. 修改角色"食物"的源码积木程序，实现贪吃蛇连续吃 10 个食物后，改变角色"食物"的造型。

6. 修改角色"食物"的源码积木程序，编写角色"成功"的源码积木程序，实现如果贪吃蛇吃了 20 个食物后，显示"成功"，并停止游戏。

挑战自我 🌐

1. 修改源码积木程序，增加游戏的难度，如：多次给角色"食物"换造型，造型的外形逐次减小。

想一想　要调整哪几个角色的程序？试一试，验证自己的想法是否正确。

2. 用思维导图梳理"贪吃蛇游戏"的结构，如图 27-14。

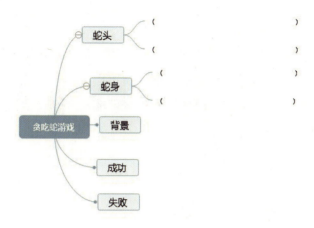

图 27-14

交流评价

1. 自己玩编写好的程序，在玩的过程中不断调试、完善游戏，达到自己预期的游戏效果。

2. 和同桌相互玩一玩各自编写的游戏，是否达到了预期的目的？

3. 说一说本节课最难理解的程序是哪一部分，你是怎样掌握的？

源码任务	完成情况
制作的贪吃蛇游戏达到了预期效果	🔶
会应用发送和接收广播控制"成功""失败"的显示	🔶
学会了应用变量控制程序	🔶

链接素材

西安逐渐成为国际化大都市，城市建设日新月异，科学技术发展迅猛，吸引着四方的朋友，每逢节假日，具有科技含量的演出、展览层出不穷。这不，大雁塔广场要举办一个精彩的无人机表演！听到消息的进步蜂号们非常兴奋，他们也要大显身手，炫舞在西安的美丽夜空。

任务发布

1. 制作一个四架进步蜂号在大雁塔广场夜空飞翔的游戏。

2. 用文字给进步蜂号们的炫舞添加标题；观众编程猫在屏幕左下方观看炫舞表演。

3. 进步蜂号的造型和前面参加空战的进步蜂号一样，但有的水平飞行，有的转圈飞行。

任务准备

这个表演游戏比较简单，选择一张大雁塔广场夜景的照片做背景，出现"进步蜂号炫舞西安"标题，然后，编程猫和四架进步蜂号出现，编程猫可以用左右键移动，四架进步蜂号分别进行表演。按下空格键可以结束表演（图28-1）。

进步蜂号的样子和造型都一样，只是每架进步蜂号的飞行动作不同，每架都要创建一个角色。

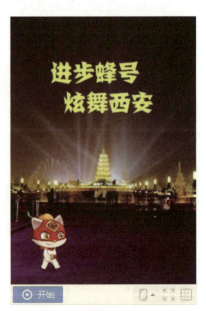

图28-1

一、准备背景和角色

1. 导入大雁塔广场夜景照片做背景，如图 28-2。

图 28-2

在画板工具中导入照片，调整好位置，保存背景（图 28-3）。

图 28-3

2. 制作标题。

在画板工具中制作角色文字标题。保存为角色"标题"，如图 28-4。

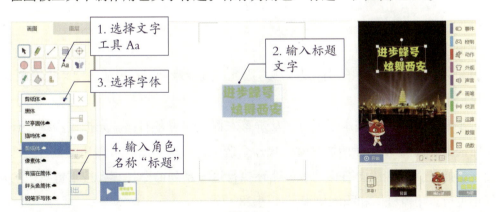

图 28-4

3．导入角色进步蜂号。

可以把第二十二课进步蜂号启动中的角色"进步蜂号"导入到这里。本次表演中有四架进步蜂号参加，把导入的角色"进步蜂号"再复制三次，分别命名为进步蜂号1、2、3、4。

添加好所有的角色如图28-5。

图 28-5

二、各角色的源码积木脚本

1．编程猫。

调整编程猫的大小，拖动到屏幕左下方。

2．游戏标题。

游戏开始，标题出现，呈现4秒后文字变小，用1秒的时间移到屏幕左上方，图28-6。

图 28-6

3．进步蜂号1。

因为标题呈现和移动的时间是5秒，因此，进步蜂号们在表演之前，先隐藏5秒，然后显示出来，准备表演。

进步蜂号1的表演是水平飞行，从屏幕左侧飞向屏幕右侧。先把进步蜂号移到屏幕左侧偏上，然后X坐标增加5就变化一个造型，如果飞出屏幕离开屏幕右边缘，就再回到起始位置，继续向右移动……循环执行这一系列命令，直到按下键盘上的空格键停止飞行。用流程图和积木块表示如图28-7。

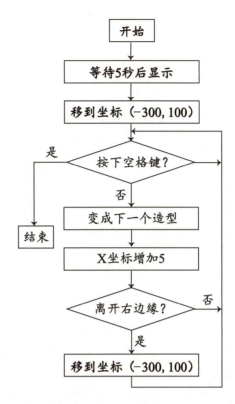

图 28-7

进步蜂号 2 的飞行方向和进步蜂号 1 相反，且在进步蜂号 1 的上方飞行。因此，进步蜂号 2 的源码积木脚本和进步蜂号 1 一样，只是有几个参数不同（图 28-8）。

4．进步蜂号 3。

进步蜂号 3 是转圈飞行，方向是逆时针。每变换一个造型，旋转 1 度，移动 3 步，重复执行这些命令，

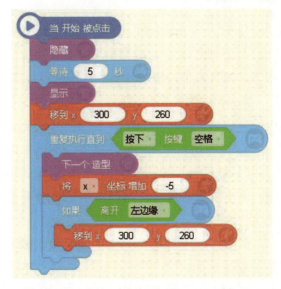

图 28-8

直到按下空格键，停止表演。流程图和积木脚本如图 28-9。

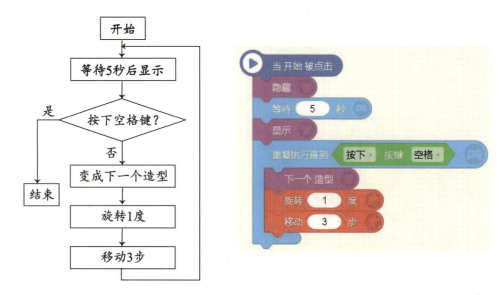

图 28-9

进步蜂号 4 也是转圈飞行，方向是顺时针，只要把进步蜂号 3 脚本中的"旋转 1 度"改为"旋转 −1 度"就可以了。

任务实践 ✂

1．打开编程猫，导入大雁塔广场夜景照片，作为游戏背景。

2．在画图板中，用文字工具制作角色"进步蜂号　炫舞西安"标题，设置文字的字体，调整大小，根据背景照片颜色选择文字颜色，保证文字显示很突出。

3．导入角色"进步蜂号"，再复制 3 个，共 4 个进步蜂号飞机，分别命名 4 架飞机的名称为进步蜂号 1、2、3、4。

4．编写角色标题的积木脚本，标题出现 4 秒后变小，再用 1 秒移到屏幕左上方。

5．编写角色进步蜂号 1 的源码积木脚本，使进步蜂号 1 能从屏幕左侧飞向屏幕右侧，飞出屏幕右侧，再回到左侧，向右侧飞，如此循环，直到单击键盘上的空格键停止飞行。

6．编写角色进步蜂号 2 的源码积木脚本，和进步蜂号 1 相似，只是飞机从屏幕右侧向左侧飞。

7．编写进步蜂号 3、4 的积木脚本，进行转圈飞行，进步蜂号 3 逆时针旋转飞行，进步蜂号 4 顺时针旋转飞行。

8.调试积木脚本，看看是否达到了预期效果。

挑战自我

1.为什么进步蜂号在飞行前都等待了5秒?

2.增加进步蜂号的数量，使夜空中炫舞的飞机更多。

3.要想改变进步蜂号1的飞行速度，应该改变哪些参数? 试一试，验证自己的想法是否正确。

交流评价

1.和同学相互玩各自编写的"进步蜂号　炫舞西安"游戏，检验是不是达到了预期的效果。

2.说一说用文字制作游戏标题的过程。

3.填写下面的表格，评价自己本节课的学习情况。

源码任务	完成情况
学会了用积木脚本控制飞机旋转飞行	
学会了用文字制作游戏标题	
通过制作游戏，我对西安的现代化建设了解更多了	
我能和同学协作，相互调试积木脚本	

链接素材

西安古称长安，是举世闻名的古都，世界历史文化名城，这里是丝绸之路的起点，曾经有周、秦、汉、唐等 13 个王朝在这里建都，留下了众多的名胜古迹。编程猫很想去西安的名胜古迹游览，了解中国古代的灿烂文化。西安究竟有哪些名胜古迹呢？我们一起帮编程猫认识一下。

任务发布 📢

1. 西安有哪些著名的名胜古迹呢？制作一个游戏，呈现六张中国著名古迹的照片，其中属于西安的有四张。

2. 单击属于西安的名胜古迹照片，文字提示答对了，并简要介绍该名胜古迹。

3. 单击的照片如果不是西安的，则文字提示这不是西安的名胜古迹，请你重新选择。

任务准备 ⚙

要制作这个游戏，首先要确定呈现哪几处名胜古迹，比如，兵马俑、大雁塔、大明宫、西安城墙等四个古迹；不是西安的古迹选择两处，如北京故宫、开封龙庭。查找这六处古迹的照片，并下载，作为游戏中的角色。

单击属于西安的名胜古迹角色，文字提示"恭喜您，选择正确！"，并简要介绍这个名胜古迹。如果单击不属于西安的名胜古迹，则提示"这是……，不是西安的名胜古迹，请您重新选择"。要准备好这些名胜古迹的文字简介材料。

一、搜集相关名胜古迹照片

在网上搜集要用到的名胜古迹的照片，保存在自己的文件夹里（图 29-1）。

兵马俑.jpg

大雁塔.jpg

大明宫.jpg

西安城墙.jpg

北京故宫.jpg

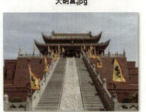
开封龙庭.jpg

图 29-1

这些照片分别是：兵马俑、大雁塔、大明宫、西安城墙、北京故宫、开封龙庭等。

二、添加角色

游戏要有背景、标题、各个名胜古迹等角色。

1. 添加背景和标题。

在画板工具中导入一张陕西历史博物馆照片，保存成背景角色（图 29-2）。

在画板工具中，利用文字工具制作角色"标题"，分别写上"你知道下面哪些是古城西安的名胜古迹？""用鼠标选择你认为是的照片"，如图 29-3。

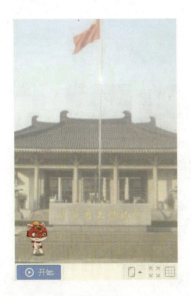

你知道下面哪些是古城西安的名胜古迹

用鼠标选择你认为是的照片

图 29-2　　　　　　　　　图 29-3

2. 六个名胜古迹角色。

每个名胜古迹角色要应用画板工具制作，导入相应的照片，调整好照片的位置、大小，输入角色名称，保存（图29-4）。

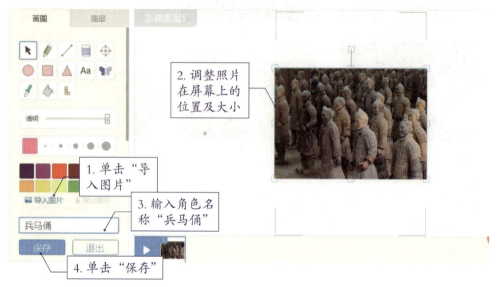

图 29-4

分别设置好每个角色，如图29-5。

图 29-5

在屏幕上排好每个角色的位置，如图29-6。

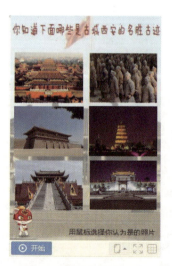

图 29-6

三、各角色的源码积木脚本

1.角色"兵马俑"的积木脚本。

单击角色"兵马俑",屏幕文字提示,"恭喜您,选择正确!"然后,屏幕上出现兵马俑简介"兵马俑是秦始皇陵的陪葬坑,位于西安市临潼区东,被誉为世界第八大奇迹",停留一会儿消失。

文字提示用【外观】积木库中的积木  实现,其中"Hi"处输入要提示的文字,后面的数字是提示持续的时间。

这个角色的源码积木脚本如图 29-7。

当 角色 被 点击
　对话 "恭喜您,选择正确!这是秦始皇兵马俑。" 持续 3 秒
　等待 2 秒
　对话 "兵马俑是秦始皇陵的陪葬坑,位于西安市临潼区东,被誉为世界第八大奇迹。" 持续 5 秒

图 29-7

大明宫、大雁塔、西安城墙的源码积木脚本和兵马俑的差不多,只是"对话"的内容不同,分别是:

大明宫:"大明宫是唐朝的皇宫,位于西安龙首原,先后有 17 位唐朝皇帝在这里治国理政,是当时世界上最大的皇宫。后来毁于唐末战乱。"

大雁塔:"大雁塔位于西安城南大慈恩寺内,是唐朝高僧玄奘法师为保存经丝绸之路从天竺取回的经卷佛像而修建的。"

西安城墙:"西安城墙位于西安市中心区,是中国现存规模最大、保存最完整的古代城垣,建于明代,周长 13.74 千米。"

2.角色"北京故宫"的积木脚本。

单击角色"北京故宫",屏幕文字提示:"这是北京故宫,不是西安的名胜古迹,请您重新选择。" 积木脚本如图 29-8。

当 角色 被 点击
　对话 "这是北京故宫,不是西安的名胜古迹,请您重新选择。" 持续 5 秒

图 29-8

角色"开封龙庭"的积木脚本和"北京故宫"相似，只是对话的内容不同："这是开封龙庭，不是西安的名胜古迹，请您重新选择。"

任务实践 ✂

1. 打开编程猫，导入西安名胜古迹照片，作为游戏背景；制作角色游戏标题，设置好文字的颜色、字体。

2. 导入兵马俑、大雁塔、大明宫、西安城墙、北京故宫、开封龙庭等角色。

3. 编写属于西安名胜古迹的角色脚本，实现：单击角色，出现文字提示："恭喜您，选择正确。"稍后出现该名胜古迹的文字简介。

4. 编写不是西安名胜古迹的角色的脚本，例如：单击角色，出现文字提示："这是北京故宫，不是西安的名胜古迹，请您重新选择。"。

5. 调试积木脚本，看看是否达到了自己的预期效果。

挑战自我 🌐

更换背景、标题，重新制作一组选择照片的游戏，内容是：哪些风景是西安的美景。

💎 交流评价

1. 和同学相互玩各自编写的"古都长安"游戏，验证是不是达到了预期的效果。想一想，还需要怎样修改，游戏可以更好玩。

2. 说一说积木"对话"的用处。

3. 说一说制作这个游戏，自己有哪些收获？

链接素材

本书的相关素材查询网址：
https://eyun.baidu.com/s/3nwzgyWp